Stefan Schmitz

Jenseits von
Achtsamkeit

Wichtiger Hinweis:
Auch das Praktizieren von Achtsamkeit ist mit Risiken und Nebenwirkungen verbunden. Bitte lesen und beachten Sie hierzu die Ein-
leitung dieses Buches. Eine Haftung des Autors oder des Verlages
für Personen-, Sach- und Vermögensschäden ist ausgeschlossen.

© tao.de in Kamphausen Media GmbH, Bielefeld

1. Auflage 2018

Autor: Stefan Schmitz
Umschlaggestaltung: tao.de
Umschlagabbildung: Stefan Schmitz

Verlag: tao.de in Kamphausen Media GmbH, Bielefeld,
www.tao.de, eMail: info@tao.de
Herstellung: tredition GmbH, Halenreie 40-44, 22359 Hamburg

Bibliografische Information der Deutschen Nationalbibliothek: Die
Deutsche Nationalbibliothek verzeichnet diese Publikation in der
Deutschen Nationalbibliografie; detaillierte bibliografische Daten sind
im Internet über http://dnb.d-nb.de abrufbar.

ISBN: 978-3-96240-394-2

Inhaltsverzeichnis

Achtsamkeit in der Mystik der Weltreligionen

Anhang

Einleitung

Jenseits von Achtsamkeit als einem wissenschaftlich fundierten Konzept und einer wissenschaftlich überprüften Praxis gab es Achtsamkeit zuvor bereits in der Humanistischen Psychologie und in der Transpersonalen Psychologie und lange davor bereits in allen mystischen Traditionen der verschiedenen Weltreligionen.

Die ersten detaillierten Anweisungen zur Praxis der Achtsamkeit finden sich in den Lehrreden des Buddha, die vor über 2000 Jahren schriftlich festgehalten wurden – und hier speziell im sogenannten Mahasatipatthana Sutta. Aber auch im 20. und 21. Jahrhundert waren es zunächst hauptsächlich und sind es gerne weiterhin Buddhisten, wie beispielsweise Nyanaponika und Thich Nhat Hanh, die ein ›Geistestraining durch Achtsamkeit‹ propagieren oder sogar das ›Wunder der Achtsamkeit‹ beschwören.

Vor allem durch die wissenschaftliche Arbeit und das unermüdliche Engagement von Jon Kabat-Zinn, dem Begründer des auf Achtsamkeit basierten Programms zur Stressreduktion, hat die Praxis der Achtsamkeit in den letzten Jahrzehnten weite Verbreitung gefunden. Achtsamkeit ist zu einer Modeströmung in der Medizin und in der Psychotherapie geworden – und zu einem Megatrend bezüglich Selbsterfahrung und Wohlergehen. In der Psychotherapie war die Arbeit von Kabat-Zinn insbesondere einflussreich auf die Verhaltenstherapie. So wurde Achtsamkeit zu einem anerkannten Konzept und zu einer anerkannten Praxis in manchen neueren Verfahren dieser Therapierichtung.

Doch das Konzept und die Praxis der Achtsamkeit von Kabat-Zinn und in der Verhaltenstherapie berücksichtigen sowohl unterbewusste wie überbewusste Prozesse und Sphären entweder gar nicht oder nur sehr wenig.

Aber angenommen es gibt in der Seele des Menschen auch eine unterbewusste Sphäre, bestehend etwa aus ignorierten oder gar verdrängten Gefühlen und aus blockierten oder gar abgespaltenen Bedürfnissen. Und weiter angenommen, es gibt eine Selbstregulationskraft in der menschlichen Seele, die weitgehend autonom wirkt und die auch auf verdrängte Emotionen und auf abgespaltene Gefühle heilsam einwirken kann, wenn der jeweilige Mensch dieser Kraft aus seinem eigenen bewussten Erleben heraus aktiv entgegenkommt, indem er Achtsamkeit auf eine passende Weise verwirklicht. Dann gibt es noch ganz andere Anwendungsmöglichkeiten und Wirkungsweisen von Achtsamkeit, jenseits denjenigen in der Verhaltenstherapie und in den heutzutage üblichen Achtsamkeitsübungen – etwa solche wie in der Gestalttherapie und im Focusing.

Und noch einmal angenommen es gibt auch eine spirituelle Dimensionen der menschlichen Existenz mit Erfahrungsmöglichkeiten in einer überweltlichen Sphäre. Dann gibt es dort möglicherweise auch noch einmal eine ganz andere Variante der Achtsamkeit – weit jenseits des Denkens und jenseits des Gehirns.

Inhaltlich ist das vorliegende Buch in vier Teile gegliedert. Im ersten Teil werden zweierlei Varianten der Achtsamkeit vorgestellt, nämlich die von Kabat-Zinn erforschte Variante und eine transzendente Achtsamkeit weit jenseits davon. Zwischen diesen beiden Varianten gibt es viele Einsatzmöglichkeiten der Achtsamkeit, die in solchen Verfahren der Psychotherapie und der Selbsterfahrung praktiziert werden, wie beispielsweise in der Gestalttherapie oder im Focusing. Davon handelt der zweite Teil des vorliegenden Buches. Im dritten Teil geht es um Achtsamkeit und Selbstverwirklichung. Dabei zeigt sich ein wechselseitiger Zusammenhang: Achtsamkeit fördert Selbstverwirklichung und Selbstverwirklichung fördert Achtsamkeit. Der vierte Teil schließlich handelt von verschiedenen Methoden der Achtsamkeit aus den mystischen Traditionen der einzelnen Weltreligionen.

Achtsamkeitsübungen und Meditationsmethoden haben auch Risiken und Nebenwirkungen. Zwei Arten solcher Risiken sollen bereits hier erwähnt werden, nämlich die naheliegendsten und die schwerwiegendsten Nebenwirkungen von Achtsamkeit. Andere werden im dritten Teil dieses Buches besprochen. Achtsamkeit kann leicht zu einer Intensivierung des eigenen Erlebens führen. Die naheliegendsten Nebenwirkungen bestehen hier darin, dass dann nicht nur angenehme, sondern auch unangenehme Erfahrungen intensiver erlebt werden. Die schwerwiegendsten Nebenwirkungen können bei solchen Menschen auftreten, die an einer schweren psychischen Störung leiden. Für sie besteht ein gewisses Risiko darin, dass durch Achtsamkeit manche ihrer Symptome sich verschlimmern oder andere neu hervorbrechen können.

Wenn Sie einer Anleitung folgen, die in dem hier vorliegenden Buch gegeben wird, oder wenn Sie eine Übung oder Methode ausprobieren, die darin beschrieben oder skizziert wird, dann tun Sie dies nach eigenem Ermessen. Weder der Autor noch der Verlag können eine Verantwortung dafür übernehmen.

Zweierlei Achtsamkeit

Es ist eine Täuschung, wenn man glaubt, dass die gegenwärtige Stunde nicht die kritische, die entscheidende Stunde sei.

Ralph Waldo Emerson
(Von der Schönheit des Guten, S. 133.)

Was ist Achtsamkeit?

Achtsamkeit wird oftmals als eine ganz spezielle Form oder Variante der Aufmerksamkeit definiert. Die üblichen Formen der Aufmerksamkeit sind hinlänglich bekannt: So gibt es hier zunächst einmal die zerstreute und die gesammelte Aufmerksamkeit. Doch die zerstreute Aufmerksamkeit ist eigentlich gar keine oder nur eine geringe Aufmerksamkeit und die eigentliche Aufmerksamkeit ist natürlich die gesammelte. Diese wiederum kann entweder eine absichtlich ausgerichtete Aufmerksamkeit sein oder auch eine unwillkürlich gebannte. Achtsamkeit ist nun eine ganz spezielle Variante der absichtlich ausgerichteten gesammelten Aufmerksamkeit: Sie ist außerdem noch ausdrücklich gegenwartszentriert, erfahrungsbezogen und nichtwertend. Es geht bei ihr somit um ein nichtwertendes Gewahrwerden der Inhalte der eigenen Erfahrung im jeweils gegenwärtigen Moment.

Bei den Inhalten der eigenen Erfahrung handelt es sich zumeist um Gedanken und Gefühle sowie auch um Sinneswahrnehmungen und Körperempfindungen. Für das Üben von Achtsamkeit ist es oft hilfreich, zunächst einmal mit einem nichtwertenden Gewahrwerden der eigenen Sinneswahrnehmungen und Körperempfindungen zu beginnen.

Die Psychotherapeuten Halko Weiss, Michael E. Harrer und Thomas Dietz haben die Literatur zur Achtsamkeit gesichtet und folgende vier essenziellen Bausteine der Achtsamkeit herausgearbeitet, nämlich die gelenkte Aufmerksamkeit, den gegenwärtigen Moment, die nichturteilende Akzeptanz und den inneren Beobachter. Achtsamkeit ist demgemäß eine absichtlich ausgerichtete Aufmerksamkeit, die auf den gegenwärtigen Augenblick zentriert ist, dessen Erfahrungsinhalte sich der jeweilige Mensch hier mit einer nichtwertenden Akzeptanz gewahr wird, wobei er dies alles gleichsam aus einer inneren Beobachterperspektive heraus verwirklicht.

Unsere Aufmerksamkeit ist oft zerstreut oder absorbiert. Dann sind wir mit ihr in irgendwelchen Gedanken oder Tagträumen versunken. Häufig wird unsere Aufmerksamkeit auch automatisch angezogen, etwa von Dingen, die uns faszinieren oder erschrecken. Achtsamkeit beinhaltet demgegenüber eine klare und aktive Aufmerksamkeit, die wir selbst absichtlich auf eine bestimmte Art von Inhalten lenken und ausgerichtet halten.

Meistens sind wir in unseren Gedanken und Gefühlen auch mit der Vergangenheit oder mit der Zukunft beschäftigt, mit Ereignissen, die bereits geschehen sind, vor zehn Minuten etwa oder auch vor zehn Jahren, oder mit Ereignissen, von denen wir hoffen oder befürchten, dass sie irgendwann eintreffen werden, in einer Stunde vielleicht oder auch in einem Monat. Die Art von Inhalten, um die es bei der Achtsamkeit geht, sind die Inhalte unseres Erlebens im gegenwärtigen Moment. Unser Erleben befindet sich ständig im Fluss, es verändert sich kontinuierlich von Augenblick zu Augenblick. Achtsamkeit beinhaltet das Gewahrsein dieses Erlebens im jeweils aktuellen Augenblick.

Fast alle Menschen bewerten ständig die Inhalte ihres Erlebens als gut oder schlecht. Viele Menschen kritisieren sich auch innerlich andauernd selbst oder sie beklagen sich innerlich immer wieder über ihre schwierigen Lebensumstände. Achtsamkeit beinhaltet demgegenüber eine nichturteilende Akzeptanz der Gedanken und Gefühle sowie der Sinneswahrnehmungen und der Körperempfindungen, die das eigene Erleben im Hier und Jetzt jeweils ausmachen.

Wir können auch mit unserer üblichen Aufmerksamkeit durchaus in der gegenwärtigen Situation sein. Fast immer sind wir dann aber nur mit der äußeren Situation befasst und hauptsächlich in Gedanken mit ihr beschäftigt. Wir abstrahieren dabei von unserer gegenwärtigen Erfahrung, verarbeiten sie gedanklich und steuern gedanklich unser Verhalten in der entsprechenden Situation. Achtsamkeit hingegen benötigt und beinhaltet gleichsam eine größere Weite in unserem Bewusstsein. Sie ist umfassender und ganzheitlicher als die übliche Aufmerksamkeit. In ihr wird die gegenwärtige Erfahrung nicht nur gedanklich repräsentiert, sondern Achtsamkeit umfasst außerdem auch noch ein unmittelbares Gewahrsein des inneren

Erlebens, also der eigenen Gefühle und Körperempfindungen, und ein Gewahrsein der direkten sinnlichen Wahrnehmung der äußeren Situation. Indem wir uns der eigenen gedanklichen Repräsentationen und des eigenen aktuellen Erlebens gewahr werden, entwickeln wir, während wir achtsam sind, zugleich auch ein Gewahrsein unserer selbst.

Achtsamkeit ist also eine ganz spezielle Variante der Aufmerksamkeit. Im vergangenen Jahrhundert und in den Zeiten davor wurde diese Variante der Aufmerksamkeit allerdings oft ebenfalls einfach als Aufmerksamkeit bezeichnet. Andere Begriffe, die häufig jene Form der Aufmerksamkeit meinen, bei der es sich um Achtsamkeit handelt, sind Bewusstheit, Gewahrsein und Präsenz. Die wichtigsten englischsprachigen Begriffe lauten hier Mindfulness und Awareness.

Diesen Text lesen: mit Aufmerksamkeit oder sogar mit Achtsamkeit

Achtsamkeit ist eine bestimmte Form von Aufmerksamkeit, die sich in mancherlei Hinsicht von anderen Formen der üblichen Aufmerksamkeit unterscheidet. Was bedeutet es nun, diesen Text, den Sie gerade lesen, mit Aufmerksamkeit zu lesen – und was bedeutet es, ihn mit Achtsamkeit zu lesen?

Diesen Text mit Aufmerksamkeit lesen heißt, dass Sie mit ihren Gedanken dabei sind, während Sie ihn lesen und dass Sie in Gedanken hauptsächlich damit befasst sind, seinen Inhalt aufzunehmen und zu verstehen. Ihn ohne Aufmerksamkeit oder nur mit einer zerstreuten Aufmerksamkeit zu lesen hieße, mit den eigenen Gedanken immer wieder von diesem Text abzuschweifen und über andere Dinge nachzudenken oder sich in Tagträumereien zu ergehen. Viele Menschen, die solcherart mit einer zerstreuten Aufmerksamkeit einen Text lesen, kehren nach einer Weile jeweils wieder mit ihrer Aufmerksamkeit zu derjenigen Stelle im Text zurück, an der sie zuvor von ihm abgeschweift sind. Andere lesen den jeweiligen Text automatisch weiter, während sie in ihren Gedanken mit ganz anderen Dingen beschäftigt sind oder sich in Tagträumereien ergehen. Sie kehrend dann mit ihrer Aufmerksamkeit einige Zeilen oder einige Absätze später zu dem Text zurück, ohne dass sie in ihrem Bewusstsein etwas von dem Inhalt der Sätze, die dazwischen stehen, mitbekommen hätten.

Diesen Text mir Aufmerksamkeit lesen heißt also, mit dem eigenen Verstand während des Lesens gegenwärtig zu sein und in ihm tatsächlich mit dem Inhalt dieses Textes befasst zu sein. Was muss nun noch dazukommen oder sich verändern, damit die Aufmerksamkeit zur Achtsamkeit wird?

Zunächst einmal beinhaltet Achtsamkeit neben der üblichen Aufmerksamkeit auch eine gewisse nichtwertende Akzeptanz. Dies würde bedeuten, den Inhalt des Textes während des Lesens einfach nur aufzunehmen und zu verstehen, ohne in Gedanken sogleich mit Zustimmung oder Anlehnung zu reagieren – und sich dann womöglich noch in diesen Gedanken der Zustimmung oder Anlehnung zu verlieren. Natürlich ist es sinnvoll, wenn Sie sich zu diesem Text irgendwann Ihre eigene Meinung bilden oder ihn mit Ihren eigenen Überzeugungen vergleichen. Aber ihn mit Achtsamkeit zu lesen würde bedeuten, dass Sie seinen Inhalt jetzt erst einmal möglichst so aufnehmen, wie er hier ausgedrückt ist.

Entscheidend ist aber für die Achtsamkeit auch noch eine größere Weite im eigenen Bewusstsein. Achtsamkeit ist eine ganzheitliche und umfassende Aufmerksamkeit. Diesen Text mit Achtsamkeit zu lesen bedeutet, dass Sie während des Lesens sich nicht nur dieses Textes gewahr sind, sondern zugleich auch Ihrer selbst. Ein solches zusätzliches Gewahrsein Ihrer selbst können Sie während des Lesens etwa dadurch erreichen, dass Sie zugleich auch noch manche von Ihren Körperempfindungen bewusst wahrnehmen: Spüren Sie beispielsweise an Ihrem Körper die Kleidung, die Sie anhaben, während Sie diesen Text lesen, oder spüren Sie mit Ihrem Körper die Unterlage, auf der Sie sitzen oder liegen oder vielleicht auch stehen, während Sie diesen Text lesen. Halten Sie, wenn Sie mögen, das Gewahrsein Ihres Körpers noch ein wenig aufrecht, wenn Sie damit beginnen, den Text des nächsten Kapitels zu lesen und die dazugehörigen Abbildungen zu betrachten.

Disidentifikation und der innere Beobachter

Die Inhalte, aus denen unsere jeweilige Erfahrung besteht, werden, während wir sie bewusst erfahren, zugleich auch zu Inhalten unseres Bewusstseins. Wenn wir Achtsamkeit praktizieren, treten wir zu diesen Inhalten in ein besonderes Verhältnis. Wir lösen uns selbst aus ihnen heraus und werden zu ihrem Beobachter. So werden sie zu Inhalten unseres Gewahrseins. Als innerer Beobachter sind wir uns ihrer gewahr – also unserer Gedanken und Gefühle sowie auch unserer Sinneswahrnehmungen und Körperempfindungen.

Die beiden Abbildungen auf den folgenden Seiten veranschaulichen das Verhältnis zwischen dem inneren Beobachter und den Inhalten seines Gewahrseins auf zwei unterschiedliche Weisen. Die erste Abbildung stellt den inneren Beobachter als eine exponierte Instanz dar, die sich inmitten der Erfahrungsinhalte befindet. Die zweite Abbildung veranschaulicht ihn als das beobachtende Bewusstsein, das wie ein Behälter die Erfahrungsinhalte enthält.

Normalerweise identifizieren wir uns stets sofort ganz automatisch mit den Gedanken, die wir haben, oder mit den Gefühlen, die wir erleben – und die jeweils gerade unser Bewusstsein dominieren. Wenn wir uns anschicken, uns unserer Gedanken oder Gefühle mit

Achtsamkeit gewahr zu werden, dann lösen wir uns damit zugleich aus der Identifikation mit ihnen heraus und identifizieren uns stattdessen mit dem Prozess des achtsamen Gewahrwerdens. Das innere Sich-Herauslösen aus der Identifikation mit den eigenen aktuellen Gedanken und Gefühlen wird als Disidentifikation bezeichnet.

Abbildung 1: Der innere Beobachter
und die Inhalte seines Gewahrseins

Erreicht wird die Disidentifikation dadurch, dass wir uns stattdessen mit dem Bewusstsein selbst identifizieren, mit dem wir uns der Inhalte unserer gegenwärtigen Erfahrung gewahr werden – mit dem wir also diese Inhalte nun gleichsam beobachten. So werden wir also, während wir Achtsamkeit praktizieren, selbst zum inneren Beobachter unserer gegenwärtigen Erfahrung. Und indem wir dergestalt zum inneren Beobachter werden, verwirklichen wir in uns, wenn auch immer nur vorübergehend, die Instanz des inneren Beobachters.

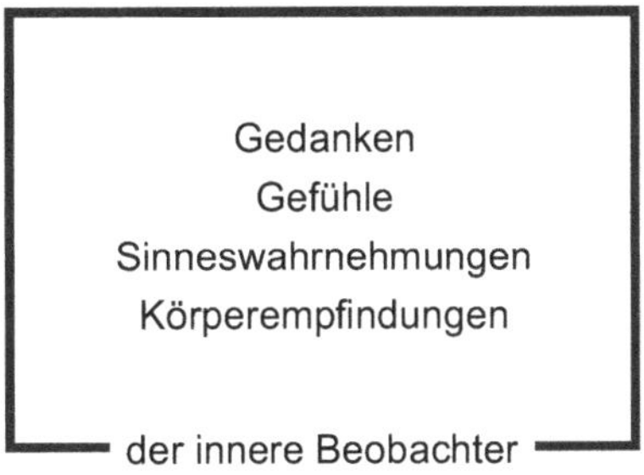

```
Gedanken
Gefühle
Sinneswahrnehmungen
Körperempfindungen

der innere Beobachter
```

Abbildung 2: Noch einmal der innere Beobachter
und die Inhalte seines Gewahrseins

Zustände, in denen wir den Beobachter in uns verwirklichen und gewissermaßen selbst zu ihm werden, zeichnen sich durch verschiedene Qualitäten aus, wie insbesondere durch erhöhte Bewusstseinsklarheit, Fokussierung auf die gegenwärtige Erfahrung, objektiveres Gewahrwerden der beobachteten Erfahrungsinhalte, wohlwollendes Interesse, Akzeptanz der beobachteten Erfahrungsinhalte, größere Intensität des Erlebens sowie durch innere Ruhe und Gelassenheit.

Die Disidentifikation beinhaltet immer auch eine gewisse innere Distanzierung von der eigenen Erfahrung und hier vor allen von den in ihr jeweils dominierenden Gedanken oder Gefühlen. Mit dieser Distanzierung entsteht zugleich auch eine größere Weite im eigenen Bewusstsein, die wiederum eine erhöhte Bewusstseinsklarheit bewirkt.

Trotz der Distanzierung beinhaltet der Zustand der Achtsamkeit aber auch eine größere Teilhabe an der eigenen Erfahrung. Diese entsteht hier einerseits durch die ausdrückliche Fokussierung auf die gegenwärtige Erfahrung und andererseits durch das innere Sich-Herauslösen aus den jeweils dominierenden Gedanken oder Gefühlen. Die Disidentifikation von diesen Gedanken oder Gefühlen führt nämlich zu einer ausgeglicheneren Gewahrwerdung von allen

Inhalten der jeweiligen Erfahrung. Die eigenen Sinneswahrnehmungen und Körperempfindungen werden im achtsamen Gewahrsein nicht mehr so stark von den gerade aktuellen Gedanken oder Gefühlen dominiert und damit ihrerseits intensiver erlebt. Daraus ergibt sich insgesamt im Zustand der Achtsamkeit für gewöhnlich eine größere Intensität des Erlebens und damit auch eine größere Teilhabe an der eigenen Erfahrung.

Zwischendurch ein kurzer Bericht über ein kleines Experiment

Wie lange können wir überhaupt unsere Aufmerksamkeit absichtlich in der Gegenwart halten – und noch dazu ein nichtwertendes Gewahrsein unserer selbst aufrecht erhalten? Hierzu folgt nun ein kurzer Bericht über ein kleines Experiment, an dem der Journalist und Schriftsteller Louis Pauwels in den späten 1940er Jahren in Frankreich teilgenommen hat.

Das Experiment fand in einer sogenannten Gurdjieff-Gruppe statt. Georg I. Gurdjieff war ein spiritueller Meister, der in der ersten Hälfte des 20. Jahrhunderts zunächst in Russland wirkte und schließlich vor allem in Frankreich. Er hat aus verschiedenen spirituellen Traditionen schöpfend mithilfe seiner Kreativität eine eigene spirituelle Lehre und Methode entwickelt, die er als Vierten Weg bezeichnete. Als einen zentralen Bestandteil dieses Vierten Weges brachte er zugleich die Achtsamkeitspraxis der Sufis nach Europa. Einige seiner Schüler wurden alsbald auch Lehrer seines Weges und haben ihrerseits in verschiedenen Gruppen neue Teilnehmer unterwiesen. An einer dieser Gruppen hat Pauwels teilgenommen.

Eine der ersten Aufgaben, die Pauwels und entsprechend auch die anderen Teilnehmer in der Gruppe gestellt bekamen, bestand darin, sich eine Uhr mit einem Sekundenzeiger zu nehmen, jenen Zeiger zu betrachten, gleichzeitig die Wahrnehmung seiner selbst festzuhalten und sich auf den Gedanken zu konzentrieren: „Ich bin Louis Pauwels und bin in diesem Augenblick hier."[1]

Ganz zu Anfang des Experimentes findet Pauwels diese Aufgabe einfach und sogar ein wenig lächerlich. Er könne ja wohl noch in seinem Geist die Vorstellung parat halten, dass er Louis Pauwels heißt, dass er jetzt hier ist und dass er zusieht, wie der Sekundenzeiger seiner Uhr sich langsam vorwärts bewegt. Doch dann geht ihm auf, dass von ihm ja nicht verlangt wurde, eine Vorstellung gegenwärtig zu halten, sondern eine Wahrnehmung. Es geht nicht darum zu denken, dass er ist, sondern ein unmittelbares Gewahrsein seiner selbst zu erlangen und aufrecht zu erhalten. „Dazu kommt die Entdeckung, dass mich tausend Gedanken – oder Schatten von Gedanken – Tausende von Wahrnehmungen, Bildern und Ideenverbindungen ununterbrochen überfallen, die nichts mit meinem Bemühen zu tun haben und mich von meinem Vorhaben abbringen."[2]

Mitunter nimmt auch der Zeiger seiner Uhr die ganze Aufmerksamkeit von Pauwels in Anspruch und während er ihn ansieht verliert er jede Wahrnehmung von sich selbst. Oder er gleitet mit seiner Aufmerksamkeit vollends in irgendwelche Tagträume ab. „Dann endlich gelingt es: in einem Sekundenbruchteil betrachte ich diesen Zeiger und bin ich, wirklich und wahrhaftig. Aber schon im gleichen Sekundenbruchteil beglückwünsche ich mich dazu, mein Geist klatscht sozusagen Beifall, mein Denken freut sich, dies erreicht zu haben – und dadurch wird alles wieder heillos kompromittiert."[3]

Verärgert und erschöpft bricht Pauwels das Experiment schließlich ab. Er hat es als sehr unangenehm erlebt und es kam ihm entsetzlich lang vor. Dabei sind kaum mehr als zwei Minuten vergangen

---

[1] Pauwels & Bergier: Aufbruch (1976), S. 491.

[2] Pauwels & Bergier: Aufbruch (1976), S. 491.

[3] Pauwels & Bergier: Aufbruch (1976), S. 492.

– und nur in wenigen blitzartigen Augenblicken hat er ein klares Gewahrsein seiner selbst erlangt.

Achtsamkeitsbasierte Stressreduktion nach Jon Kabat-Zinn

Die Achtsamkeitsbasierte Stressreduktion (MBSR)[4] ist ein pädagogisches Programm für Gruppen, welches von Jon Kabat-Zinn in den späten 1970er Jahren entwickelt wurde. Es hat eine klare Struktur und genau festgelegte Inhalte. Von seiner Struktur her besteht es aus acht Gruppensitzungen, die jeweils etwa 2½ Stunden dauern und die im wöchentlichen Abstand stattfinden, sowie aus einem sogenannten ›Tag der Achtsamkeit‹, der nach der sechsten Gruppensitzung durchgeführt wird. Von seinen Inhalten her besteht dieses Programm hauptsächlich aus verschiedenen Achtsamkeitsübungen, daneben aber auch aus der Vermittlung von Ergebnissen der Stressforschung und aus dem gemeinsamen Erarbeiten von verschiedenen Themen. Zu diesen Themen gehören etwa der Umgang mit schwierigen Gedanken und Emotionen oder die Verwirklichung von Mitgefühl. Zwischen den Gruppensitzungen sollten die Teilnehmer außerdem auch noch möglichst täglich zuhause jeweils 45 Minuten lang Achtsamkeitsübungen praktizieren. Anfang der 1990er Jahre veröffentlichte Kabat-Zinn sein Grundlagenwerk zur Stressbewältigung durch Achtsamkeit und machte damit sein Gruppenprogramm weithin bekannt.

Gedacht ist die Achtsamkeitsbasierte Stressreduktion vor allem für Menschen mit stressbedingten Erkrankungen sowie für solche mit psychischen Störungen oder mit chronischen Schmerzen. Daneben

---

[4] Mindfulness-Based Stress Reduction

nehmen an diesem Gruppenprogramm aber oft auch Menschen teil, die einfach nur Achtsamkeit für sich erlernen wollen.

Kabat-Zinn betrachtet Achtsamkeit als eine besondere Form der Aufmerksamkeit: „Einfach gesagt bedeutet Achtsamkeit nicht urteilendes Gewahrsein von Moment zu Moment. Wir kultivieren Achtsamkeit, indem wir bewusst im gegenwärtigen Augenblick aufmerksam sind. Dabei beurteilen wir unsere Erfahrung nicht nach gut oder schlecht oder danach, ob wir diese Erfahrung mögen oder nicht mögen."[5]

Die wichtigsten Übungen des Gruppenprogramms von Kabat-Zinn sind der Body-Scan, achtsame Bewegungsübungen und die Sitzmeditation. Außerdem gibt es hier noch die Rosinenübung, die Gehmeditation und die informellen Übungen. Bei dem Body-Scan, der Sitzmeditation und der Gehmeditation handelt es sich um Varianten von entsprechenden Übungen aus dem Buddhismus; die achtsamen Bewegungsübungen sind dem Hatha-Yoga entnommen.

Besonders intensiv werden die meisten der gerade genannten Übungen an dem ›Tag der Achtsamkeit‹ praktiziert. An diesem Tag üben die Teilnehmer im Schweigen und auch das Mittagessen findet gemeinsam im Schweigen statt. Lediglich am Ende des Tages gibt es einen Erfahrungsaustausch im Gespräch.

Die Rosinenübung wird nur einmal durchgeführt, und zwar als erste Achtsamkeitsübung in der ersten Gruppensitzung. Sie dient als Einführung in die Achtsamkeitspraxis. Dementsprechend geht es bei dieser Übung auch nicht nur um den Geschmack einer Rosine, sondern vor allem um den ›Geschmack‹ der Achtsamkeit. In ihr werden die Teilnehmer anhand einer beispielhaften Aufgabe mit der Erfahrung vertraut gemacht, um welchen Prozess und um welchen Zustand es sich bei der Achtsamkeit handelt – und welche Schwierigkeiten damit verbunden sein können.

Die Aufgabe besteht bei der Rosinenübung darin, eine einzelne Rosine ganz in Ruhe und mit voller Aufmerksamkeit erst einmal

---

[5] Kabat-Zinn: Abenteuer (2013), S. 9.

anzusehen, daraufhin zu ertasten und an ihr zu riechen und sie schließlich zu verspeisen und dabei mit voller Aufmerksamkeit zu schmecken – ohne währenddessen groß nachzudenken oder etwas zu bewerten.

Beim Body-Scan wird der eigene Körper mit der eigenen Aufmerksamkeit von unten bis oben innerlich spürend gescannt. Die Übung dauert für gewöhnlich 30 bis 45 Minuten. Die Teilnehmer liegen dafür auf einer weichen Unterlage auf dem Rücken. Zunächst konzentriert sich jeder von ihnen für 2 bis 3 Minuten auf seinen Atem, indem er spürend das abwechselnde Heben und Senken der Bauchdecke oder des Brustkorbes wahrnimmt.

Daraufhin wird beim Body-Scan der Fokus der Aufmerksamkeit nacheinander auf die einzelnen Körperregionen gerichtet. Begonnen wird mit dem linken Fuß. Der jeweilige Übende richtet seine Aufmerksamkeit dorthin und nimmt bewusst und möglichst ohne zu werten die Empfindungen wahr, die er dort spüren kann. Nach einer kurzen Weile geht er mit seiner Aufmerksamkeit zum linken Unterschenkel weiter, um dort wiederum mit Achtsamkeit die vorhandenen Empfindungen zu spüren. Auf diese Weise wandert er langsam spürend von Region zu Region durch seinen Körper, bis er bei seinem Kopf angelangt ist.

Es geht dabei nicht darum, Entspannung oder Ruhe oder Wohlbefinden zu erreichen. Der Body-Scan ist eine Achtsamkeitsübung. Dementsprechend ist hier die bewusste und akzeptierende Wahrnehmung von Verspannungen oder Unruhe oder Empfindungslosigkeit genauso wertvoll. Wenn der Übende mit seiner Aufmerksamkeit von seiner Wanderung durch den Körper abgedriftet ist, dann kehrt er, sobald er dies bemerkt hat, einfach wieder mit ihr zur nächsten Körperregion zurück.

Zum Abschluss des Body-Scans wird der Körper noch einmal in seiner Gesamtheit gespürt. Der Übende wendet sich mit seiner Aufmerksamkeit wieder dem Atem zu und nimmt nun innerlich bei jedem Atemzug seinen gesamten Körper vom Kopf bis zu den Füßen wahr.

Weiterhin gehören zum Gruppenprogramm von Kabat-Zinn achtsame Bewegungsübungen. Diese entstammen dem Hatha-Yoga und werden dort als Asanas bezeichnet. Sie bestehen jeweils aus einer bestimmten Körperhaltung, die der Praktizierende langsam sich bewegend einnimmt, um dann für eine Weile in ihr zu verharren. Daraufhin kehrt er langsam sich bewegend in eine Ruheposition zurück, in der er eine kurze Pause macht, bevor er mit der nächsten Asana beginnt. Im Gruppenprogramm von Kabat-Zinn ist es dabei vor allem wichtig, dass die einzelnen Asanas mit Achtsamkeit durchgeführt werden, und nicht so sehr, dass sie vollständig richtig gemacht werden.

Die Sitzmeditation ist ebenfalls eine wichtige Achtsamkeitsübung im Gruppenprogramm von Kabat-Zinn. Hierfür setzen sich die Teilnehmer aufrecht und doch entspannt auf einen Stuhl oder auf ein Kissen oder ein Meditationsbänkchen und nehmen dann mit Achtsamkeit ihren Atem wahr, indem sie die körperlichen Empfindungen spüren, die beim Einatmen und beim Ausatmen in ihnen auftreten. Der eigene Atem ist hier also derjenige Inhalt der eigenen gegenwärtigen Erfahrung, auf den die Teilnehmer bei der Sitzmeditation zunächst ihre Aufmerksamkeit richten. Schweifen sie in Gedanken davon ab, so kehren sie mit ihrer Aufmerksamkeit wieder zur Wahrnehmung des Atems zurück, sobald sie dies bemerken.

Wenn die Teilnehmer diese Übung ausführen, dann üben sie sich gleichsam darin, nichts zu tun. „Sie arbeiten daran, jeden Augenblick aktiv zu erfassen, von Augenblick zu Augenblick wach und aufmerksam zu sein. Sie üben sich in der Kunst der Achtsamkeit oder, anders ausgedrückt, sie üben sich darin, einfach nur zu *sein*.“[6]

Meditieren führt damit zu einer Veränderung im Bewusstseinszustand: Der Übende gelangt aus seinem üblichen Alltagsbewusstsein heraus in einen anderen Bewusstseinsmodus, den Kabat-Zinn als „Seins-Modus“[7] bezeichnet. Hierbei handelt es sich um einen

---

[6] Kabat-Zinn: Gesund durch Meditation (2006), S. 35.

[7] Kabat-Zinn: Gesund durch Meditation (2006), S. 35.

Bewusstseinsmodus der Achtsamkeit. Es ist jener Modus, in dem wir nichts tun, sondern einfach nur sind und uns dessen gewahr sind, was ist.

Die Dauer einer Meditationssitzung beträgt in der ersten Gruppensitzung nur 5 bis 10 Minuten, in späteren Gruppensitzungen kann sie dann auch 30 oder 40 Minuten lang sein. Außerdem wird in späteren Sitzungen die Aufmerksamkeit nach einer Weile des Meditierens auch auf andere Arten von Inhalten der eigenen gegenwärtigen Erfahrung gerichtet, als den Atem, so etwa auf Geräusche, andere Körperempfindungen, Emotionen oder auf den Strom der Gedanken. Genauso wie zunächst das Ein und Aus des Atems, wird nun das Auftreten von Geräuschen oder von Emotionen oder das Kommen und Gehen der eigenen Gedanken beobachtet. Entscheidend ist dabei das achtsame und nichtwertende Beobachten selbst. „In der Meditation nehmen wir die Position des inneren Zeugen oder neutralen Beobachters ein und behalten sie bis zum Schluss der Sitzung bei."[8]

Sogar wenn das eigene Gemüt durch starke Emotionen regelrecht in Wallung gerät, fährt der Meditierende möglichst mit dem nichtwertenden Beobachten fort. „Das wahrnehmende Bewusstsein, das wir den neutralen Beobachter genannt haben, registriert alle auftretenden Gemütsbewegungen. Es lehnt sie weder ab, noch verdammt es sie, noch wünscht es, dass alles anders wäre. Es regt sich auch nicht darüber auf und gerät nicht aus der Ruhe."[9]

Die Gehmeditation verbindet achtsames Meditieren mit langsamem Gehen. Sie besteht darin, sehr langsam zu gehen und die damit verbundenen Bewegungen sowie die dabei auftretenden Empfindungen mit Achtsamkeit zu spüren. Die Aufmerksamkeit kann zugleich auch noch auf den Atem gerichtet werden oder zwischendurch immer wieder einmal dorthin zurückkehren.

---

[8] Kabat-Zinn: Gesund durch Meditation (2006), S. 242.
[9] Kabat-Zinn: Gesund durch Meditation (2006), S. 256.

Schließlich gibt es im Gruppenprogramm von Kabat-Zinn noch die informellen Übungen. Diese werden von den Teilnehmern zwischen den einzelnen Gruppensitzungen zuhause durchgeführt und dienen der Integration von Achtsamkeit in den Alltag. Bei den informellen Übungen geht es vor allem darum, Routinetätigkeiten wie etwa Duschen und Zähneputzen oder auch Geschirrspülen und Staubsaugen mit Achtsamkeit zu verrichten. Typisch für solche Tätigkeiten ist ja, dass wir sie normalerweise mit unserem Körper mehr oder weniger automatisch verrichten, während wir zugleich in unserem Bewusstsein oder in unserem Geist mit ganz anderen Dingen beschäftigt sind. Dementsprechend besteht die Aufgabe für die Gruppenteilnehmer bei den informellen Übungen darin, den eigenen Geist während der jeweiligen Tätigkeit immer wieder absichtlich auf das Hier und Jetzt hin auszurichten und dergestalt die jeweilige Tätigkeit mit Bewusstheit zu verrichten, etwa indem die Teilnehmer dabei zugleich den eigenen Körper spüren.

Achtsamkeit in der Verhaltenstherapie

In der ersten Hälfte des 20. Jahrhunderts war die von Sigmund Freud begründete Psychoanalyse zunächst die einzige und später immer noch die dominierende Methode zur Behandlung von psychischen Störungen. In dieser Methode wird bei der Behandlung hauptsächlich an den unbewussten inneren Konflikten angesetzt, die der jeweiligen Störung zugrunde liegen. In den fünfziger Jahren des 20. Jahrhunderts wurde die Verhaltenstherapie begründet. In ihr ging es bei der Behandlung von psychischen Störungen zunächst hauptsächlich um die Veränderung des äußerlich beobachtbaren Verhaltens, in dem sich die jeweilige Störung zeigt.

Inzwischen gibt es in der Verhaltenstherapie, ähnlich wie auch in der Psychoanalyse, viele unterschiedliche Therapieverfahren. Es lassen sie dabei bezüglich der Verhaltenstherapie drei Phasen oder Wellen in der Entstehung dieser Verfahren unterscheiden. Am Anfang stand als erste Phase die behaviorale. In dieser Phase waren alle Verfahren der Verhaltenstherapie auf eine Veränderung von problematischen Verhaltensweisen hin ausgerichtet.

Die zweite Welle in der Entwicklung der Verhaltenstherapie kann als kognitiv-behaviorale Phase bezeichnet werden. In dieser Phase entstanden verschiedene Verfahren der Verhaltenstherapie, in denen neben der Veränderung des Verhaltens auch die Veränderung von kognitiven Prozessen mit einbezogen wurde, wie etwa die Veränderung von irrationalen Überzeugungen oder von problematischen Denkweisen. Nach und nach verwandelte sich daraufhin nahezu die gesamte Verhaltenstherapie in eine Kognitive Verhaltenstherapie.

Innerhalb der Kognitiven Verhaltenstherapie oder auch aus ihr heraus entstanden nun wiederum mit der Zeit mehrere verschiedene Therapieverfahren, die außerdem noch Übungen in Achtsamkeit oder ein Training in Achtsamkeit beinhalten. Diese Verfahren formierten sich Anfang des 21. Jahrhunderts zur ›dritten Welle‹ der Verhaltenstherapie. Zu den wichtigsten Verfahren dieser ›dritten Welle‹ gehören die Dialektisch-Behaviorale Therapie (DBT) sowie die Akzeptanz- und Commitmenttherapie (ACT) und die Achtsamkeitsbasierte Kognitive Therapie (MBCT)[10].

Die Praxis der Achtsamkeit hat aus der Sicht derjenigen Therapieverfahren, die zur ›dritten Welle‹ gehören, vor allem folgende Vorteile:

- Menschen, die Achtsamkeit praktizieren, erleben häufiger Momente im Hier und Jetzt – und erfahren dadurch ihr Leben insgesamt als reicher und erfüllter. Bei Menschen mit einer psychischen Störung bilden solche erfüllenden Momente ein heilsames Gegengewicht zu den leidvollen Erfahrungen, die für sie aus ihrer Störung resultieren.

---

[10] Mindfulness-Based Cognitive Therapy

- Eine Praxis der Achtsamkeit führt bei Menschen mit einer psychischen Störung dazu, dass sie nicht mehr so häufig von schwierigen Emotionen oder Kognitionen beherrscht werden. Stattdessen können sie selbst nun besser mit solchen Emotionen und Kognitionen bei sich umgehen.

Aufgrund dieser Vorteile bildet die Praxis der Achtsamkeit gemäß den Befürwortern der ›dritten Welle‹ eine wichtige Ergänzung oder sogar eine wichtige Grundlage für die Behandlung von verschiedenen psychischen Störungen.

Die Dialektisch-Behaviorale Therapie wurde bereits in den 1980er Jahren von Marsha Linehan entwickelt. Sie ist vor allem auf die Behandlung von Menschen mit einer Borderline-Störung ausgerichtet. Ihre Vorgehensart ist dabei eine dialektische Weise der Veränderung durch Akzeptanz.

Die Borderline-Störung ist eine schwere Persönlichkeitsstörung, bei der die betroffenen Menschen in ihrer Persönlichkeit ständig massiv beeinträchtigt sind. Die wichtigsten Aspekte dieser Störung sind eine mangelhafte Affektregulation, eine labile Identität und ein schwieriges Sozialverhalten: So werden die Betroffenen immer wieder von sehr starken und ebenso unangenehmen Emotionen und Anspannungen heimgesucht, denen sie sich innerlich ausgeliefert fühlen und von denen sie sich dann etwa durch Selbstverletzungen, Essattacken oder Alkoholkonsum zu befreien versuchen. Außerdem sind sie sich chronisch unsicher darüber, wer sie eigentlich sind. In sozialen Beziehungen haben die Betroffenen einerseits ein starkes Bedürfnis nach mitmenschlicher Nähe und andererseits gleichzeitig auch eine große Angst davor.

Ein wichtiger Baustein in der Behandlung von solchen Menschen mit einer Borderline-Störung ist in der Dialektisch-Behavioralen Therapie das sogenannte Skills-Training, bei dem es um das Einüben von verschiedenen Fertigkeiten geht – und als grundlegende Fertigkeit soll in diesem Training zunächst Achtsamkeit eingeübt und in das eigene Verhaltensrepertoire übernommen werden: „Als ein Verhaltensrepertoire umfasst ausgeübte Achtsamkeit den bewussten

Prozess des geschulten Beobachtens und Beschreibens und der echten Teilhabe an der Wirklichkeit des Augenblicks, ohne diesen zu bewerten oder zu beurteilen."[11]

Die echte Teilhabe an der Wirklichkeit des Augenblicks ist für Borderline-Patienten aber oftmals nur möglich durch eine innere Relativierung von ihren starken und unangenehmen Emotionen. So gehört es für sie zum Achtsamkeitstraining auch, dass sie immer wieder neu eine innere mentale Position außerhalb ihrer jeweiligen emotionalen Reaktion einzunehmen versuchen: „Die schrittweise Etablierung einer ›metakognitiven Ebene‹, also einer mentalen Position, welche eine selbstreflexive Beobachtung der eigenen emotionalen Reaktion ermöglicht, ist zum einen therapeutisches Ziel, zum anderen eine wesentliche Voraussetzung für die Anwendung aller anderen Fertigkeiten."[12]

Bei den anderen Fertigkeiten, die durch das Skills-Training vermittelt werden, geht es um eine Steigerung der Stresstoleranz, um den aktiven Umgang mit den eigenen Affekten, um eine Verbesserung der sozialen Kompetenz und um die Stabilisierung der eigenen Identität. Das Skills-Training seinerseits ist dabei in der Dialektisch-Behavioralen Therapie wiederum nur ein Bestandteil eines umfassenden Behandlungsplans, der neben dem Einsatz von Achtsamkeit auch den Einsatz von vielen verschiedenen Interventionsmethoden aus der klassischen und der Kognitiven Verhaltenstherapie beinhaltet.

Die Akzeptanz- und Commitmenttherapie wurde von Steven C. Hayes entwickelt und von ihm in den 1990er Jahren bekannt gemacht. Sie ist für Menschen mit ganz unterschiedlichen psychischen Störungen geeignet. Die Schwerpunkte dieser Therapiemethode sind Akzeptanz und Commitment. Akzeptanz meint hier das betrachtende Annehmen der eigenen Gedanken und Emotionen durch den Patienten. Damit setzt die Akzeptanz- und Commit-

---

[11] Robins, Schmidt III & Linehan: Therapie (2012), S. 60 f.
[12] Bohus, Steil & Stiglmayr: DBT (2013), S. 116.

menttherapie an dem zusätzlichen Leid an, welches entsteht, wenn wir unangenehme Gedanken oder Emotionen in uns bekämpfen oder vor ihnen flüchten. Beim Commitment hingegen geht es um ein entschiedenes Engagement des Patienten für seine eigenen Werte.

In einer Definition zur Achtsamkeit wird in der Akzeptanz- und Commitment-Therapie der innere Beobachter sogleich mit einbezogen: „Im Zustand der Achtsamkeit tritt man willig und direkt zum gegenwärtigen Augenblick in Kontakt, ohne sich in den gedanklichen Inhalt zu verstricken; dabei bleibt man dessen gewahr, dass man ein bewusster Beobachter des Erlebens ist."[13]

Dieser bewusste Beobachter wird in der Akzeptanz- und Commitment-Therapie auch ›Selbst-als-Kontext‹ genannt. Insgesamt unterscheidet die Akzeptanz- und Commitment-Therapie dreierlei Selbst, nämlich das ›Selbst-als-Kontext‹, das ›Selbst-als-Inhalt‹ und das ›Selbst-als-Prozess‹. Das Selbst-als-Inhalt besteht aus all den Inhalten, die zusammengenommen unser Selbstbild beziehungsweise unser Selbstkonzept oder unsere Identität ausmachen. Zu diesen Inhalten gehören vor allem die Eigenschaften, die wir uns zuschreiben, die Ziele, die wir für unsere Zukunft haben, und unsere Lebensgeschichte mit sämtlichen Erinnerungen. Das Selbst-als-Prozess ist das Gewahrsein der aktuellen Inhalte des eigenen Selbst, also der eigenen Gedanken, Wahrnehmungen, Gefühle, Körperempfindungen und des eigenen Verhaltens im jeweiligen Augenblick. Außerdem gehört zum Selbst-als-Prozess auch die Beschreibung dieser Inhalte. Das Selbst-als-Kontext schließlich ist der innere Bezugsrahmen oder der innere Ort, von dem aus das Selbst-als-Prozess gegebenenfalls beobachtet wird. Bei diesem inneren Bezugsrahmen oder Ort handelt es sich um die ›Ich/hier/jetzt-Perspektive‹.

Die ›Ich/hier/jetzt-Perspektive‹ ist der Kontext und damit gleichsam der Schauplatz sowohl für alles eigene Erleben und Verhalten als auch für jede innere Auseinandersetzung mit dem eigenen

---

[13] Luoma, Hayes & Walser: ACT-Training (2009), S. 463.

Selbstkonzept. Durch diese Perspektive wird das Selbst-als-Kontext für jeden Menschen zu einem inneren Ort, der sicher und verlässlich ist.

Egal was wir erleben oder tun, es ist immer ich, der dies erlebt oder tut, und es ist niemals dann und dort, sondern immer mein hier in meinem jetzt. Daraus ergibt sich für jeden Menschen ein fester und stets gleichbleibender innerer Standort, der durch genau diese Perspektive definiert wird, nämlich durch die Perspektive von ›Ich/hier/jetzt‹. Es handelt sich dabei außerdem um einen Standort, der uns immer zugänglich ist, indem wie jene Perspektive absichtlich gedanklich einnehmen.

Indem der Patient in der Akzeptanz- und Commitmenttherapie die ›Ich/hier/jetzt-Perspektive‹ einzunehmen lernt, kann er vor allem vieles von dem zusätzlichen Leid bei sich reduzieren, welches in ihm ansonsten entsteht, wenn er unangenehme Gedanken oder Emotionen in sich bekämpft oder vor ihnen flüchtet. Ganz gleich, welche schwierigen Erfahrungen er gerade durchmacht, welche negativen Eigenschaften von sich er gerade beklagt, welche schmerzlichen Erlebnisse er gerade erinnert – durch die ›Ich/hier/jetzt-Perspektive‹ gibt es für ihn immer auch die Möglichkeit des inneren Rückzuges an den Ort des neutralen Beobachters, von dem aus er sich all dessen einfach gewahr werden kann.

Das Selbst-als-Kontext wird in der Akzeptanz- und Commitmenttherapie auch als ›transzendentes Selbst‹ bezeichnet. Es ist unser stabiles und sicheres Selbst jenseits unseres Selbstbildes oder Selbstkonzeptes und es ist auch unser stabiles und sicheres Selbst jenseits unseres aktuellen Erlebens und Verhaltens. Wann immer wir Achtsamkeit verwirklichen, finden wir zu diesem Selbst.

Neben der Achtsamkeit ist das entschiedene Engagement für die eigenen Werte der zweite Schwerpunkt der Akzeptanz- und Commitmenttherapie. Mit den Werten sind dabei diejenigen Bereiche oder Aspekte des eigenen Lebens gemeint, die dem Patienten selbst besonders wertvoll erscheinen. Bei diesen kann es sich um Partnerschaft und Familie handeln, um Freundschaften oder um den Beruf, um Natur oder Kultur, um Freizeit und Gesundheit oder um Religion und Spiritualität. In der Akzeptanz- und Commitmenttherapie ermuntert und unterstützt der Therapeut den Patienten dabei, sich in den für ihn wertvollen Bereichen seines Lebens mehr zu engagieren, um dadurch mehr Erfüllung für sein Leben zu erlangen.

Die Achtsamkeitsbasierte Kognitive Therapie wurde in den 1990er Jahren von Zindel V. Segal, J. Mark G. Williams und John D. Teasdale entwickelt. Es handelt sich dabei um eine Gruppentherapie ähnlich der Achtsamkeitsbasierten Stressreduktion von Jon Kabat-Zinn, aber speziell ausgerichtet auf die Rückfallprophylaxe bei schweren Depressionen. So haben Segal, Williams und Teasdale sowohl die Struktur wie auch alle Achtsamkeitsübungen aus der Achtsamkeitsbasierten Stressreduktion übernommen. Ansonsten haben sie nur die weiteren Inhalte der Achtsamkeitsbasierten Stress-reduktion dahingehend verändert, dass ihre Achtsamkeitsbasierte Kognitive Therapie spezielle kognitiv-verhaltenstherapeutische Ele-mente enthält, die den Patienten gezielt dabei helfen sollen, einen Rückfall in eine depressive Episode zu vermeiden. Bei diesen neu eingeführten Elementen handelt es sich um Methoden zum kon-struktiven Umgang mit schwierigen Kognitionen und zur positiven Veränderung des eigenen Verhaltens.

Segal, Teasdale und Williams plädieren dafür, „Achtsamkeit als einen alternativen kognitiven Modus aufzufassen"[14]. Der übliche kognitive Modus, in dem wir nicht nur Informationen verarbeiten, sondern meistens oder sogar fast immer auch unsere eigenen Erfah-rungen, ist der konzeptionelle Modus. Dieser ist sprachbasiert und analytisch. In ihm abstrahieren wir von unseren Erfahrungen, wäh-rend wie sie verarbeiten, und denken dann mitunter noch weiter über sie nach. Dem gegenüber steht der experientielle Modus der kogniti-ven Verarbeitung. Dieser ist erfahrungsbasiert und sensorisch. In ihm werden die eigenen Erfahrungen unmittelbar vital erlebt, ohne dass über sie nachgedacht wird. Der konzeptionelle Modus ist auf

---

[14] Segal, Teasdale & Williams: Kognitive Therapie (2012), S. 81.

zielgerichtetes Handeln hin ausgerichtet und der experientielle auf akzeptierendes Zulassen. Achtsamkeit entspricht dem experientiellen Modus.

In der Achtsamkeitsbasierten Kognitiven Therapie werden die Patienten gezielt darauf vorbereitet, mithilfe des experientiellen Modus der kognitiven Verarbeitung, also durch den Einsatz von Achtsamkeit, aus jenen inneren Aufschaukelungsprozessen auszusteigen, die ansonsten bei ihnen leicht zu einem Rückfall in eine depressive Episode führen können. Die entsprechenden Aufschaukelungsprozesse beginnen bei ihnen, so Segal, Teasdale und Williams, oft schon dann, wenn sie lediglich in eine moderat niedergeschlagene Stimmung geraten. Wenn die betroffenen Personen eine solche Stimmung bei sich in dem üblichen konzeptionellen Modus verarbeiten, indem sie weiter darüber nachdenken, dann geraten sie dadurch leicht in negative Grübeleien, die alsbald von schlimmsten Befürchtungen und umfassenden Selbstabwertungen geprägt sind. Durch diese Grübeleien verschlechtert sich ihre niedergeschlagene Stimmung noch weiter, woraufhin sich ihre negativen Grübeleien über kurz oder lang zu einem grüblerischen Geisteszustand verfestigen, aus dem sie dann nur noch schwer wieder herauskommen und der bei ihnen schließlich zum Rückfall in eine depressive Episode führt. Deshalb lernen die Patienten in der Achtsamkeitsbasierten Kognitiven Therapie, niedergeschlagene Stimmungen und negative Grübeleien bei sich möglichst bald zu erkennen und ihnen gegenüber dann vom konzeptionellen Modus in den experientiellen Modus der Verarbeitung zu wechseln, sie also einfach mit Achtsamkeit nichtwertend zu beobachten, anstatt den beginnenden Aufschaukelungsprozess durch weitere Grübeleien immer mehr voranzutreiben.

Achtsamkeit jenseits von Achtsamkeit

Die Achtsamkeit, wie sie bisher in diesem Buch dargestellt wurde, ist eine kognitive Achtsamkeit: Sie wird jeweils absichtlich und gedanklich verwirklicht. Das Bewusstsein desjenigen Menschen, der sie verwirklicht, ist für gewöhnlich ein mentales Bewusstsein und der innere Beobachter, der sich dabei jeweils manifestiert, ist dementsprechend ebenso eine mentale Instanz.

Trotzdem ist diese mentale oder kognitive Achtsamkeit zugleich auch eine ganzheitliche: In ihr geht es nicht nur um eine nichtwertendes Gewahrsein der eigenen gegenwärtigen Gedanken, sondern auch und oft sogar hauptsächlich um ein nichtwertendes Gewahrsein der eigenen gegenwärtigen Gefühle, Körperempfindungen und Sinneswahrnehmungen. Die Verhaltenstherapeuten Zindel Segal und Mark Williams sowie John Teasdale verstehen Achtsamkeit als einen Modus der kognitiven Verarbeitung, in dem die eigenen gegenwärtigen Erfahrungen unmittelbar sensorisch und vital erlebt werden.

Doch in der Mystik gibt es noch ein ganz anderes Verständnis von Achtsamkeit. Betrachten wir hierzu zunächst zwei Äußerungen von Nikephoros, dem Einsiedler. Er lebte im 13. Jahrhundert als christlicher Mönch auf dem heiligen Berg Athos in Griechenland. Seine Schriften stehen in der Klostertradition der christlichen Ostkirche in hohem Ansehen.

Die erste der beiden Äußerungen von Nikephoros klingt noch einigermaßen vertraut. Hier fasst er die Definitionen zur Achtsamkeit von verschiedenen christlichen Mystikern zusammen: „Gewisse Heilige haben die Achtsamkeit als Wachsamkeit des Geistes, andere als Wachsamkeit des Gemütes, andere als Nüchternheit oder Ruhe des Geistes und andere noch anders bezeichnet. Wie viele Benennungen es auch geben mag, sie gehen alle auf dasselbe hinaus."[15]

In seinen weiteren Erläuterungen beschreibt Nikephoros die Achtsamkeit jedoch als Anfang der Gottversenkung sowie auch als

---

[15] Nikephoros, in: Kleine Philokalie (2006), S. 30.

deren Grundvoraussetzung. Außerdem macht er in der zweiten Äußerung, die hier von ihm zitiert wird, deutlich, dass sich eine solche Achtsamkeit keineswegs einfach absichtlich verwirklichen lässt: „Die Achtsamkeit ist die Ruhe des Geistes, das Stillwerden oder das Schweigen, das durch Gottes Barmherzigkeit der Seele geschenkt wird. Sie ist die Reinigung der Gedanken, der Tempel für die Erinnerung an Gott und die Kraftquelle zum Ertragen von Prüfungen."[16]

Den inneren Beobachter kennt vor allem die indische Mystik schon seit über zweitausend Jahren. Er wird dort als Sakshi oder Drashta bezeichnet, was soviel bedeutet wie ›der Sehende‹ oder ›der Zuschauer‹. Doch von diesem ›Sehenden‹ wird hier gleichermaßen ein ganz anderes Verständnis vermittelt.

Das älteste philosophische System, in dem der Sakshi, also der Sehende, behandelt wird, ist der Samkhya. Dieses System wurde vor ungefähr zweieinhalbtausend Jahren in Indien entwickelt. Es bot damals vor allem für diejenigen Menschen, die auf dem mystischen Weg nach Erlösung strebten, über viele Jahrhunderte hinweg ein brauchbares Instrumentarium an Konzepten und Kategorien, das ihnen für jenen Weg gleichsam als Landkarte dienen konnte.

So unterscheidet der Samkhya zunächst einmal ganz grundsätzlich zwischen dem transzendenten Bewusstsein, Purusha, und der davon getrennten natürlichen Erscheinungswelt, Prakriti. Die natürliche Welt der Erscheinungen wiederum, also Prakriti, ist in viele verschiedene Ebenen untergliedert. Darin besteht sozusagen die Landkarte des Samkhya. Die unterste Ebene von Prakriti bildet hier die Materie und die obersten Ebenen sind diejenigen der Gottheiten, namentlich von Shakti und Shiva. Der menschliche Verstand und das mentale Bewusstsein sowie das individuelle Ich befinden sich auf mittleren Ebenen.

Der Mensch ist nun einerseits ein Wesen innerhalb von Prakriti, der Erscheinungswelt. Er hat einen Körper, der aus Materie besteht, er hat Sinnesorgane sowie einen Verstand, er hat ein mentales

---

[16] Nikephoros, in: Kleine Philokalie (2006), S. 31.

Bewusstsein und ein individuelles Ich. Andererseits existiert in jedem Menschen gemäß dem Samkhya auch der Purusha als dessen eigentliches und ursprüngliches Selbst. Dieses Selbst besteht aus reinem transzendenten Bewusstsein. Es ist zeitlos und formlos, unveränderlich und unzerstörbar. Als ein solches Selbst ruht der Purusha eines jeden Menschen ewig gleichmütig in sich.

Wenn ein Mensch auf dem inneren Weg zu dem Purusha in sich zurückkehrt, dann findet er dort die mystische Erlösung. Indem er gleichsam in den Purusha hineingelangt, wird er selbst zum Sakshi, zum ›Zuschauer‹, der transzendente Achtsamkeit verwirklicht.

Achtsamkeit ist sowohl in der christlichen wie auch in der indischen Mystik letztendlich eine transzendente Achtsamkeit, weit jenseits der kognitiven. Sie ist nicht ein Zustand, der durch den eigenen Willen absichtlich hervorgebracht werden kann, sondern einer, der, wie Nikephoros es ausgedrückt hat, gegebenenfalls durch Gottes Barmherzigkeit der Seele geschenkt wird. So ist sie auch kein Zustand, der vom mentalen Bewusstsein innerhalb der Erscheinungswelt verwirklicht wird, sondern einer, den der Mensch verwirklicht, wenn er selbst vorübergehend oder auch endgültig zu dem Purusha in sich zurückkehrt, wie es im Samkhya ausgedrückt wird.

Die Verwirklichung einer solchen transzendenten Achtsamkeit ist somit eine Erfahrung, die einer anderen Ebene angehört. Gemeint ist eine Ebene jenseits der eigenen Persönlichkeit und jenseits der individuellen Psyche. Außerdem ist es zugleich, wie Stanislav Grof betont, eine Ebene „jenseits des Gehirns: Die Ebene der transpersonalen Erfahrungen"[17].

Stanislav Grof gehört gemeinsam mit Ken Wilber sowie mit Roberto Assagioli und Karlfried Graf Dürckheim zu den wichtigsten Repräsentanten der Transpersonalen Psychologie, einer Bewegung innerhalb der Psychologie, die gegen Ende der 1960er Jahre begründet wurde und die sich hauptsächlich mit der Erforschung der spirituellen Dimension der menschlichen Existenz befasst.

---

[17] Grof: Geburt (1985), S. 124.

Im Verständnis der Transpersonalen Psychologie ist die transpersonale Ebene eine sehr umfassende Sphäre, zu der auch das transzendente Bewusstsein dazugehört. Das transzendente Bewusstsein wohnt dabei nicht nur jedem Menschen als immanente Transzendenz inne, sondern der gesamten Erscheinungswelt.

Roberto Assagioli spricht von dem ursprünglichen höheren Selbst, welches das transzendente Bewusstsein im Menschen ausmacht, als von einem „transpersonalen Selbst"[18]. Wenn dieses Selbst von einem Menschen unmittelbar erfahren wird, dann steht der jeweilige Mensch während dieser Erfahrung innerlich gleichsam in dem transzendenten Bewusstsein. Dadurch gelangt er auch selbst vorübergehend in einen höheren Bewusstseinszustand, der von Karlfried Graf Dürckheim als „inständliches Bewusstsein"[19] bezeichnet wird.

Erfahrungen des transpersonalen Selbst können nicht willentlich herbeigeführt werden, sondern sie treten höchstens spontan auf. Wenn sie auftreten, dann beinhalten sie sowohl ein Gewahrsein jenes Selbst als auch ein Gewahrsein von jenem Selbst her. Der jeweilige Mensch wird sich in einer solchen Erfahrung sowohl der ihm immanenten Transzendenz gewahr wie auch von dort her seines eigenen Erlebens und der äußeren Welt.

Das Gewahrsein des eigenen Erlebens und der äußeren Welt von der eigenen immanenten Transzendenz her beinhaltet dabei zugleich auch, wie Dürckheim es formuliert, eine „Transparenz für Transzendenz"[20]. Dies bedeutet, dass das eigene Erleben und die äußere Welt für den jeweiligen Menschen in einer solchen Erfahrung gleichsam durchsichtig werden auf die Transzendenz hin, die ihm selbst und der Welt innewohnt.

Nun bezeichnet der Verhaltenstherapeut Steven C. Hayes auch das Selbst-als-Kontext als ein ›transzendentes Selbst‹ – und tat-

---

[18] Assagioli: Schulung (1982), S. 111.

[19] Dürckheim: Erlebnis (1982), S. 201.

[20] Dürckheim: Transzendenz (1984), S. 49.

sächlich ist es zumindest insofern ein transzendentes Selbst, als es sich jenseits des Selbst-als-Inhalt und jenseits des Selbst-als-Prozess befindet, also jenseits des eigenen Selbstkonzeptes und jenseits des aktuellen Selbsterlebens. Es ist der innere Bezugsrahmen oder der innere Ort, von dem aus das eigene Selbstkonzept oder das aktuelle Selbsterleben gegebenenfalls betrachtet wird. Aber es ist ein kognitiver Ort oder Bezugsrahmen, der jeweils willentlich und gedanklich eingenommen wird. Anders als der Sakshi im Samkhya oder das transpersonale Selbst von Assagioli befindet sich das Selbst-als-Kontext von Hayes keineswegs jenseits des eigenen Gehirns oder jenseits der eigenen Psyche.

Innerhalb der Transpersonalen Psychologie hat sich vor allem Ken Wilber recht ausführlich mit dem eigentlichen transzendenten Zuschauer aus der Mystik befasst. Für ihn ist dieser Zuschauer zugleich das unsterbliche Selbst des Menschen: „Das Selbst ist stets der Zeuge. Es ist ewig und bleibt immer das gleiche."[21]

Als ein solches ewiges Selbst ist der Zeuge für Wilber nichts anderes als reines transzendentes Gewahrsein oder reine transzendente Achtsamkeit. Er ist ein Gewahrsein oder eine Achtsamkeit jenseits des Ichs und jenseits des Gehirns, jenseits des Denkens und jenseits aller Gefühle, jenseits allen Bewertens und jenseits aller Ziele, jenseits von Leid und Glück sowie jenseits von Schmerz und Ekstase, jenseits der Geburt und des Todes, jenseits von Materie und Psyche, jenseits von Raum und Zeit.

Ein Gewahrsein des reinen Zeugen zu erlangen heißt nun keineswegs, sich des Zeugens als Objekt gewahr zu werden, denn er ist das eigentliche Subjekt: „Er ist radikales allgegenwärtiges Subjekt und daher nichts, was vor uns wie ein Stein, ein Bild, ein Gedanke, ein Licht, eine Empfindung, eine Erkenntnis, eine leuchtende Wolke, eine intensive Schau oder eine Empfindung großer Seligkeit auftauchen würde."[22] Ein Gewahrsein des reinen Zeugen zu erlangen

---

[21] Wilber: Eros (2001), S. 376.
[22] Wilber: Das Wahre, (2002), S. 410.

bedeutet deshalb, mit vollem Gewahrsein selbst zu diesem Zeugen zu werden.

Der transzendente innere Zeuge, wie Wilber ihn beschreibt, ist dasselbe wie die reine transzendente Achtsamkeit. Eine solche Achtsamkeit kann, wie bereits gesagt wurde, nicht absichtlich und gedanklich herbeigeführt werden, sondern sie tritt höchstens spontan auf.

Es ist jedoch durchaus möglich, sich für ein spontanes Auftreten von transzendenter Achtsamkeit innerlich zu öffnen und empfänglich zu machen. Die wichtigste Praxis hierfür ist die Meditation. Dabei geht es zumeist darum, einen Zustand der inneren Versenkung zu erreichen und aufrecht zu erhalten.

Die meditative Versenkung ist ausdrücklich kein Hineingleiten in eine hypnotische Trance oder in irgendwelche Tagträume, sondern ein bewusstseinsklares nichtwertendes Gewahrsein der eigenen inneren Erfahrung im Hier und Jetzt, wobei zugleich die Wahrnehmung der äußeren Umgebung möglichst weitgehend reduziert ist.

Das innere Gewahrsein in der meditativen Versenkung wird zunächst willentlich und gedanklich verwirklicht, als kognitive Achtsamkeit, es kann sich jedoch mitunter spontan in ein transzendentes Gewahrsein verwandeln, womit dann eine transzendente Achtsamkeit erreicht wäre. Ein solches transzendentes Gewahrsein ist dadurch gekennzeichnet, dass der jeweilige Mensch vorübergehend in einen höheren Bewusstseinszustand eintritt, nämlich in ein transzendentes Bewusstsein, und dass dann alle Inhalte seines Gewahrseins, wie etwa Gedanken oder Empfindungen, umgekehrt auf dieses transzendente Bewusstsein hin transparent werden.

Bei Menschen, die in der Praxis der Meditation schon weit fortgeschritten sind, beinhaltet ihr Gewahrsein während der Versenkung nicht immer nur solche Inhalte wie Empfindungen oder Gedanken, sondern ihr Gewahrsein kann sich hier mitunter, wenn auch äußerst selten, sogar in ein regelrechtes mystisches Erwachen hinein ausweiten. In den Zustand der transzendenten Achtsamkeit zu gelangen ist bereits solch ein mystisches Erwachen. Wie aber beispielsweise in den Predigten von Meister Eckhart deutlich wird, sind darüber hinaus noch sehr viele weiter reichende Erfahrungen oder Zustände des mystischen Erwachens möglich – bis hin zur mystischen Vereinigung mit Gott.

Meister Eckhart gilt als einer der bedeutendsten Mystiker des katholischen Christentums. Er lebte im 13. und 14. Jahrhundert in Deutschland sowie zeitweilig auch in Frankreich. In einer seiner Predigten beschreibt er das mystische Erwachen des Menschen als die Geburt von Gottes Sohn in der eigenen Seele – und er betont dabei, dass sich diese Geburt nur ereignen kann, wenn der jeweilige Mensch mit seiner Seele vollständig in der Gegenwart präsent ist: „Die Seele, die da steht in einem gegenwärtigen Nun, in die gebiert der Vater seinen eingeborenen Sohn, und in derselben Geburt wird die Seele wieder in Gott geboren."[23]

Auch die mystische Vereinigung mit Gott kann, wie Meister Eckhart in einer anderen Predigt betont, nur im Hier und Jetzt erfahren werden: „Solange dieses ›Er‹ und dieses ›Ich‹, das heißt Gott und die Seele, nicht ein einziges Hier und ein einziges Nun sind, solange könnte dieses ›Ich‹ mit dem ›Er‹ nimmer wirken noch eins werden."[24]

Zweierlei Achtsamkeit im frühen Buddhismus

Auch im Buddhismus wird Achtsamkeit zunächst einmal gedanklich verwirklicht, wie anhand der Anleitungen zur Achtsamkeit, die der Buddha selbst seinen Mönchen gegeben hat, leicht verdeutlicht werden kann. In diesen Anleitungen wird Achtsamkeit als ›rechte Auf-

---

[23] Meister Eckehart: Predigten (1979), S. 206.
[24] Meister Eckehart: Predigten (1979), S. 354 f.

merksamkeit‹ bezeichnet und es geht hier um ein vierfaches Errichten dieser rechten Aufmerksamkeit. Diese wird dabei auf den Körper hin ausgerichtet oder auf die Empfindungen oder auf den Geist oder auf die Geistesinhalte.

Grundlegend für die rechte Aufmerksamkeit in ihrer Ausrichtung auf den Körper ist die Beobachtung der Atmung. Hierfür setzt sich der Mönch mit gekreuzten Beinen nieder, hält seinen Körper aufrecht und fixiert dann seine Aufmerksamkeit auf den Bereich um den Mund: „Mit dieser Aufmerksamkeit atmet er ein, mit dieser Aufmerksamkeit atmet er aus."[25] Zugleich registriert er dabei in Gedanken verbal, ob seine Atmung gerade tief ist oder flach und ob er gerade einatmet oder ausatmet. „Einen tiefen Atemzug einatmend, versteht er richtig: ›Ich atme einen tiefen Atemzug ein‹. Einen tiefen Atemzug ausatmend, versteht er richtig: ›Ich atme einen tiefen Atemzug aus‹."[26] Mit flachen Atemzügen verfährt er entsprechend.

Bei einer Ausrichtung der rechten Aufmerksamkeit auf die Empfindungen verweilt der Mönch in den Empfindungen, während er sie zugleich beobachtet und in seinen Gedanken beispielsweise als angenehme oder als unangenehme Empfindungen registriert: „Hier, Mönche, versteht er richtig, während er eine angenehme Empfindung spürt: ›Ich verspüre eine angenehme Empfindung.‹ Während er eine unangenehme Empfindung spürt, versteht er richtig: ›Ich spüre eine unangenehme Empfindung.‹"[27]

Wenn der Mönch seine rechte Aufmerksamkeit auf seinen eigenen Geist hin ausrichtet, dann verweilt er in seinem Geist, beobachtet dort die Phänomene des Entstehens und des Vergehens – und registriert verbal in seinen Gedanken, wie er seinen Geist jeweils vorfindet: „Hier, Mönche, versteht ein Mönch einen Geist voller Begehren richtig als ›Geist voller Begehren‹, er versteht einen Geist

---

[25] Mahasatipatthana Sutta (2005), S. 23.

[26] Mahasatipatthana Sutta (2005), S. 23.

[27] Mahasatipatthana Sutta (2005), S. 49.

frei von Begehren richtig als ›Geist frei von Begehren‹."[28] Wenn sein Geist voller Abneigung ist, versteht er ihn richtig als ›Geist voller Abneigung‹, wenn sein Geist frei von Abneigung ist, versteht er ihn richtig als ›Geist frei von Abneigung‹. Einen gesammelten Geist versteht er richtig als ›gesammelten Geist‹ und einen zerstreuten richtig als ›zerstreuten Geist‹.

Die Ausrichtung der rechten Aufmerksamkeit auf die Geistesinhalte wird genauso verwirklicht. Handelt es sich bei diesen Inhalten beispielsweise um Zweifel, dann registriert der Mönch in seinen Gedanken mit rechtem Verstehen: „›Zweifel ist in mir gegenwärtig.‹"[29]

Jenseits einer solchen kognitiven Achtsamkeit, die mithilfe von Gedanken verwirklicht wird, sind im frühen Buddhismus vor allem die Stufen der Dhyanas oder Jhanas zugleich Stufen einer transzendenten Achtsamkeit. Es handelt sich dabei um acht verschiedene Stufen der tiefen Versenkung, die von weit fortgeschrittenen Meditierenden mitunter erreicht werden können. Die erste dieser Stufen erreicht ein Meditierender, sobald er vollständig in das Gewahrsein seines Meditationsgegenstandes, des primären Objektes seiner Aufmerksamkeit, versunken ist. Aus einem solchen Versunkensein erwächst Ekstase.

Der Psychologe Daniel Goleman beschreibt den Übergang in diese buddhistische Versenkung folgendermaßen: „Bei fortdauernder Hinwendung des Geistes auf das Primärobjekt tritt der Moment ein, in dem zum ersten Mal ein völliger Bruch mit den normalen Bewusstseinszuständen stattfindet. Das ist Jhana, die tiefe Versenkung. Der Geist scheint plötzlich im Objekt zu versinken und fest in ihm verankert zu sein. Es gibt keine ablenkenden Gedanken mehr, keine sinnliche Wahrnehmung, kein Bewusstsein der eigenen Körperlichkeit; körperlicher Schmerz wird nicht mehr empfunden."[30]

---

[28] Mahasatipatthana Sutta (2005), S. 51.
[29] Mahasatipatthana Sutta (2005), S. 57.
[30] Goleman: Buddhas Lehre (1978), S. 305.

Geprägt ist dieses erste Jhana vor allem durch eine „ununterbrochen durchgehaltene Aufmerksamkeit gegenüber dem Primärobjekt"[31] sowie durch Ekstase, bestehend aus „Verzückung, Seligkeit und Einsinnigkeit"[32].

Im zweiten Dhyana transzendiert der Praktizierende mit seinem Gewahrsein sein Meditationsobjekt und ist sich nur noch der Ekstase gewahr. Das dritte Dhyana erreicht der Meditierende, wenn er durch die Ekstase hindurch zu einer tiefen Gelassenheit gelangt. Auf der vierten Stufe der Versenkung ruht der Praktizierende mit reinem Gewahrsein in einem tiefen inneren Frieden, ohne noch irgendetwas wahrzunehmen oder zu erleben, zu fühlen oder zu denken. Im fünften Dhyana gewahrt der Meditierende aus seinem inneren Frieden heraus unmittelbar den unendlichen Raum um sich herum und im sechsten Dhyana erfährt er diesen unendlichen Raum als ein endloses Bewusstsein. Auf der siebten Stufe der Versenkung erweist sich für ihn das endlose Bewusstsein als vollkommen leer und auf der achten Stufe lösen sich für ihn alle Erfahrungsmöglichkeiten in die Leere dieses endlosen Bewusstseins hinein auf. So erfährt der Praktizierende im achten Dhyana das endlose Bewusstsein jenseits von allen Erfahrungen, die innerhalb dieses Bewusstseins möglich sind. Oberhalb der acht Dhyanas liegt die eigentliche Erleuchtung. Diese erlangt der Meditierende, wenn er sich auch selbst bewusstseinsmäßig in die Leere des endlosen Bewusstseins hinein auflöst.

---

[31] Goleman: Buddhas Lehre (1978), S. 306.
[32] Goleman: Buddhas Lehre (1978), S. 306.

Achtsamkeit in Selbsterfahrung und Psychotherapie

Wenn man tiefer in sich hineingeht, in das, was man *ist*, wenn man annimmt, was da vorhanden ist, dann ereignet sich der Wandel von selbst. Das ist das Paradoxe des Wandels.

Frederick S. Perls
(Gestalt-Therapie in Aktion, S. 187.)

Sensory Awareness

Sensory Awareness ist eine Methode der Selbsterfahrung und Selbstverwirklichung durch persönliche Experimente in achtsamer Sinneswahrnehmung, die hier vornehmlich in Gruppen durchgeführt werden. Charlotte Selver hat diese Methode seit 1938 in den USA entwickelt, und zwar ausgehend von der ›Arbeit mit Menschen‹, welche Elsa Gindler während der 1920er Jahre in Berlin begründet hat. In Deutschland ist aus der ›Arbeit mit Menschen‹ von Gindler die Konzentrative Bewegungstherapie hervorgegangen. In den USA wurde Charles Brooks gegen Ende der 1950er Jahre ein enger Mitarbeiter von Charlotte Selver und Anfang der 1960er Jahre heirateten beide einander. Ein Buch von Brooks, nämlich *Erleben durch die Sinne*, ist die wichtigste Veröffentlichung zur Sensory Awareness.

Die offizielle Übersetzung für den Begriff ›Sensory Awareness‹ lautet „Sinnesbewusstheit"[1]. Damit wird hier sowohl die Vorgehensweise wie auch das Ziel der Methode benannt. Gearbeitet wird dabei vor allem mit den eigenen Körperempfindungen, wie sie etwa im Liegen und im Sitzen spürbar sind, oder auch im Stehen und im Gehen sowie bei allen anderen Körperbewegungen. Diese Empfindungen gilt es jeweils bewusst wahrzunehmen, ohne sie mit dem Verstand als ›richtig‹ oder ›falsch‹ zu bewerten. „Im allgemeinen kann die Arbeit beschrieben werden als die allmähliche Entfaltung und Kultivierung der Wahrnehmungsfähigkeit, einer größeren Breite und Feinheit des Empfindens, die zugleich ein Erwecken und Befreien unserer inneren Energien bewirkt. Wir praktizieren dies durch *Beschäftigung mit dem Spüren*."[2]

Durch das Einüben und Verwirklichen von Sinnesbewusstheit verankern sich die Teilnehmer beim Sensory Awareness zunehmend im jeweils gegenwärtigen Augenblick – und dies ist hier zugleich

---

[1] Brooks: Erleben (1979), S. 20.
[2] Selver & Brooks: Sensory Awareness (1977), S. 66.

auch die eigentliche Kernfrage: „Leben wir in der Gegenwart?"[3] So geht es beim Sensory Awareness letztendlich darum, ganz anwesend zu sein im Hier und Jetzt. Nicht nur geistig, sondern völlig: „im Rücken, im Bauch, in Armen und Beinen, in Geist und Herz"[4].

Über eine solche durch Spüren verwirklichte bewusste Anwesenheit im gesamten Organismus kann man im eigenen Organismus früher oder später auch das Wirken einer inneren Selbstregulation entdecken. „Beim Spüren begegnet man bewusst zum ersten Mal den schöpferischen, *eigengesetzlichen* Kräften seiner eigenen Natur."[5] Diese Kräfte werden durch das Spüren erweckt und befreit. Dadurch wirken sie dann nicht nur noch besser im eigenen Organismus, sondern sie können dem jeweiligen Menschen jetzt auch direkt sehr viel deutlicher innerlich spürbare Orientierungen geben für ein gesteigertes Wohlbefinden.

Ein Workshop in Sensory Awareness findet für gewöhnlich in einem großen leeren Raum statt. Der Boden hat einen Teppichbelag oder ist mit Matten ausgelegt. Die Teilnehmer tragen bequeme Kleidung.

Die erste Sitzung mag im Liegen beginnen. Dann liegen die Teilnehmer auf dem Teppichbelag oder auf den Matten und spüren zunächst einfach, wie sich das anfühlt. Wahrscheinlich spüren sie Druck an einigen Stellen des Körpers und an anderen nicht. Und auch das Liegen insgesamt wird von den Teilnehmern durchaus unterschiedlich erlebt: „Einer fühlt sich im Liegen leicht, der andere schwer. Den einen erfrischt, den anderen ermüdet es."[6]

Nach einer Weile werden die Erfahrungen in der Gruppe besprochen – und die Teilnehmer erkennen dabei zumeist recht schnell von selbst, dass es sich bei ihren Wahrnehmungen einfach nur um ihre persönlichen Reaktionen handelt und dass ›richtig‹ und ›falsch‹ hier

---

[3] Brooks: Erleben (1979), S. 52.

[4] Brooks: Erleben (1979), S. 111.

[5] Selver & Brooks: Sensory Awareness (1977), S. 66.

[6] Selver & Brooks: Sensory Awareness (1977), S. 67.

unanwendbare Begriffe sind. Manche von ihnen haben auch bereits erste Veränderungen bemerkt, die in ihrem Körper ganz von alleine geschehen sind, Wirkungen der inneren Selbstregulation des Organismus. Dem einen Teilnehmer mag es während des Liegens kälter oder wärmer geworden sein, ein anderer hat vielleicht bemerkt, dass der Druck an einigen Körperstellen abgenommen hat.

Wenn in der ersten Sitzung eines Workshops in Sensory Awareness das Liegen erkundet wurde, dann handeln die folgenden Sitzungen für gewöhnlich vom Stehen, Gehen und Sitzen. Aber es wird hier nicht ein *korrektes* Stehen, Gehen oder Sitzen gesucht, gemäß irgendwelcher vorgefasster Kriterien, sondern es werden stattdessen die Phänomene des Stehens, Gehens und Sitzens an sich erkundet – als wären sie weite Regionen, in denen es noch viel zu entdecken gibt. Dementsprechend handelt es sich bei den Aufgabenstellungen, die der Leiter den Teilnehmern gibt, auch nicht um Übungen, in denen etwas eingeübt wird, sondern um Experimente, in denen etwas erforscht wird.

Die individuellen Reaktionen der Teilnehmer auf die Aufgabenstellungen und ihre persönlichen Erfahrungen damit tragen genauso zur Dynamik des Geschehens in der Gruppe bei, wie die Aufgabenstellungen selbst – und der gereifte Leiter orientiert sich bei den Fragen, die er den Teilnehmern zu ihren Erfahrungen stellt, und bei den weiteren Aufgabenstellungen an genau dieser Dynamik. „Wenn er gut arbeitet, leitet er nicht, sondern ist eher ein Pfadfinder, der mit den anderen zusammen unbekannte Regionen zu entdecken und zu erforschen sucht, Regionen, die ihm vielleicht nur etwas vertrauter sind als ihnen."[7]

Das Vertrauen des Leiters gilt dabei ausdrücklich dem positiven Wirken der organismischen Selbstregulation und dessen Verbesserung durch den Einsatz von Bewusstheit bzw. Achtsamkeit. Dies gilt beispielsweise auch für die eigenen Füße: „Wenn sie durch irgendetwas unsere Beachtung auf sich ziehen, d.h. wenn wir die Beach-

---

[7] Brooks: Erleben (1979), S. 38.

tung *zulassen*, dann ereignen sich spontan Veränderungen in ihrem Funktionieren, und zwar immer Veränderungen in Richtung einer größeren Angemessenheit."[8]

Eine solche Beachtung können wir unseren Füßen durchaus auch aktiv zuteil werden lassen: Wir können uns auf den Boden setzen, unsere Füße nackig machen und sie mit unseren Händen direkt erforschen. Fangen wir mit einer Zehe an und ertasten sie von der Spitze aus in Richtung Ferse. Wie weit und tief können wir dabei gehen, bis sich die Zehe im Fußinneren verliert? „Was können wir von der Bauweise des Spanns erfühlen? Wie fühlt sich die Ferse für die Handfläche und die Finger an, in ihrer doppelten Eigenschaft als Knochen und als Polster?"[9]

Wenn das Erforschen der eigenen Füße wirklich tief geht und auch in ihnen selbst fühlbar ist, dann werden wir dadurch in unseren Füßen wacher. Dieses Wacherwerden können wir ernten, wenn wir zum Stehen kommen. Dafür nehmen wir uns Zeit, um nun im Stehen zum Boden hin zu spüren. Wir schließen die Augen, damit es uns leichter fällt. „Viele fühlen jetzt, dass sie mit dem Fußboden *in Verbindung sind*."[10] Sie stehen nicht mehr auf ihren Füßen, sondern mit ihren Füßen auf etwas, das sie wirklich fühlbar von unten stützt. Die Füße selbst fühlen sich dabei beweglich und lebendig an.

Aber die Verbindung mit dem Boden, der Basis auf der wir stehen – ist diese Verbindung nur in den Füßen spürbar oder können wir sie auch weiter oben, in den Beinen, ebenfalls noch spüren, vielleicht sogar durch die Knie hindurch? Die Knie mögen sich verschlossen anfühlen, doch möglicherweise können wir dieses Verschlossensein in den Knien versuchsweise etwas verringern. Wenn es auf einem Workshop manchen Teilnehmern gelingt, in ihren Knien durchlässiger zu werden, für die Verbindung zum Boden, dann führt dies bei

---

[8] Brooks: Erleben (1979), S. 46.

[9] Brooks: Erleben (1979), S. 46.

[10] Brooks: Erleben (1979), S. 47.

ihnen oft auch zu anderen Veränderungen, etwa in den Fesseln oder im Becken.

Entsprechend kann hier auch mit weiteren Aufgabenstellungen noch weiter geforscht werden. Wir können uns zum Beispiel fragen: „Wie hoch über dem Fußboden ist das Becken?"[11] Wenn wir der Antwort nachspüren, kann dies dazu führen, dass wir in unseren Oberschenkeln und Waden lebendiger werden. „Oder wir spannen bewusst unsere Gesäßmuskeln oder die Muskeln unseres Bauches an und nehmen uns Zeit zu fühlen, wie so etwas unsere Verbindung zu der Basis, auf der wir stehen, beeinflusst. Wir werden die Veränderungen wahrnehmen, wenn wir langsam die Kontraktionen aufgeben, um mehr Verbindung durchzulassen."[12]

Letztendlich geht es bei der Sensory Awareness um die Awareness selbst, wie Brooks betont: „Unser Studium der Wahrnehmung ist einfach ein Studium der Bewusstheit. Man kann dahin kommen, dass man spürt, wann die Bewusstheit mit Gedanken beschäftigt ist, und wann diese Gedanken organisch aus unseren Wahrnehmungen entstehen oder aus unzusammenhängenden und verwirrenden Assoziationsreihen bestehen."[13] Im Gegensatz zu den Gedanken, die organisch aus unseren Wahrnehmungen entstehen, ziehen uns die verwirrenden Assoziationsreihen aus der Gegenwart unserer Wahrnehmungen heraus – etwa indem sie in Erinnerungen münden, die aus der Vergangenheit stammen, oder indem sie zu Überlegungen führen, die sich auf die Zukunft beziehen. Je mehr wir vertraut werden mit der Awareness, desto deutlicher entdecken wir aber auch, dass es hier in der Gegenwart ebenfalls nicht selten Schwierigkeiten gibt: „Wir können spüren, wann wir für die Realität des Augenblicks offen sind und wann wir uns in Beklemmung oder angestrengter Selbstkontrolle verschließen. Wir können fühlen, wann

---

[11] Brooks: Erleben (1979), S. 47.

[12] Brooks: Erleben (1979), S. 47.

[13] Brooks: Erleben (1979), S. 20.

unsere Bewusstheit frei fließt und wann sie auf Widerstände stößt und stockt oder zaudert."[14]

Manchmal wird in der Sensory Awareness auch mit äußeren Gegenständen gearbeitet, beispielsweise mit Steinen. „Was können wir von einem Stein lernen? Zunächst einmal: er ist einfach da."[15] Wenn wir uns selbst hinsetzen, einen Stein in die Hand nehmen und ihn unseren Augen präsentieren, dann sind es vor allem seine äußere Form und seine natürliche Zeichnung, die wir wahrnehmen. Schließen wir nach einer Weile unsere Augen, so verändert sich auch unsere Wahrnehmung des Steines. Wahrscheinlich fühlt er sich plötzlich kalt an – und wir spüren auf einmal sein Gewicht.

Gibt es irgendwelche Veränderungen, die wir in uns selbst zulassen können, um das Gewicht des Steines noch besser spüren zu können? „Lässt zum Beispiel das Handgelenk das Wahrnehmen des Steines durch? Und der Ellbogen? Und die Schulter? Vielleicht spielt sogar unser Sitzen eine Rolle. Betrifft es auch unser Atmen?"[16] Aber wenn wir durch diese Fragen unseren Körper mit einbeziehen, nehmen wir vielleicht eher dort eigene Schwierigkeiten wahr, etwa muskuläre Verspannungen, anstatt dass uns das Gewicht des Steines noch deutlicher wird. Doch solche Wahrnehmungen können ebenfalls wichtige Erfahrungen sein.

Gewohnheitsmäßige Verspannungen beispielsweise haben sich in unserem Organismus vielleicht gegen lebendige Prozesse gebildet, um diese zu verdrängen, etwa weil sie mit schmerzhaften Emotionen verbunden sind. Eine bewusste Anspannung solcher Muskelpartien, der dann eine sensitive und achtsame Lösung folgt, kann bewirken, dass die lebendigen Prozesse, die durch jene Verspannungen verdrängt wurden, nach und nach gefühlt und zugelassen werden. Dadurch verbessert sich dann an dieser Stelle im Organismus zugleich die innere Selbstregulation.

---

[14] Brooks: Erleben (1979), S. 20.

[15] Brooks: Erleben (1979), S. 112.

[16] Brooks: Erleben (1979), S. 113.

Während der 1960er Jahre hat Charlotte Selver auch Experimente zum Schmecken in ihre Arbeit mit eingefügt. Charles Brooks hat die erste Sitzung hierzu dokumentiert.[17] Die Gruppe der Teilnehmer saß im Kreis auf dem Boden. In der Mitte befanden sich ein Teller mit geschälten Mandeln und eine Schale mit ungeschälten Apfelsinen.

Charlotte nahm zuerst den Teller mit den Mandeln, ging von Teilnehmer zu Teilnehmer und bot jedem eine Mandel an. „Können Sie das Gewicht der Mandel in Ihrer Hand spüren?", war ihre erste Frage. Nun ja, das Gewicht eines Steines ist für gewöhnlich einfacher wahrzunehmen. Doch als Nächstes kam der Geruchssinn dran: „Wie nahe müssen Sie die Mandel an Ihre Nase bringen, um sie riechen zu können?" Daraufhin lenkte Charlotte die Aufmerksamkeit der Teilnehmer, aber vorerst nur diese, in den Mund: „Was können Sie von Ihrem Mundinnern spüren?" Der Speichel floss schon und es gab bereits die ersten Schluckbewegungen. Dann durfte auch die Mandel selbst in den Mund geführt werden. „Probieren Sie die Mandel", sagte Charlotte, „aber schmecken Sie sie!" Obwohl natürlich alle Teilnehmer schon ihr Leben lang Mahlzeiten zu sich genommen hatten, führte doch das nun folgende achtsame Verspeisen der Mandel bei jedem von ihnen zu neuen Erfahrungen.

Nachdem die Mandeln verspeist und die Erfahrungen besprochen waren, kamen die Apfelsinen an die Reihe. Charlotte bat einige der Teilnehmer, sich jeweils eine Orange zu nehmen, mit dem Schälen zu beginnen und die Orange dann weiterzureichen, sodass alle Teilnehmer am Schälen beteiligt wurden. Auch dieses Schälen war bereits ein Teil des Experimentes – zu spüren, wie die Finger sich in die Schale gruben, zu riechen, wie der bittersüße Geruch der Schalen sich in der Luft ausbreitete. Jeder der Teilnehmer behielt das Stück Schale, das er abgeschält hatte, in der Hand und nachdem die Apfelsinen vollständig geschält waren, wurden sie geteilt, sodass jeder Teilnehmer nun auch einen Schnitz von der Frucht in der ande-

---

[17] Brooks: Erleben (1979), S. 144 ff.

ren Hand hatte. Der Duft der Frucht war deutlich zu unterscheiden von dem Geruch der Schale, wie nun jeder leicht wahrnehmen konnte. Und den Schnitz der Orange mit sinnlichem Gewahrsein zu verspeisen war eine ganz andere und zugleich mindestens ebenso intensive Erfahrung wie zuvor das achtsame Verspeisen der Mandel.

Klientenzentrierte Psychotherapie und das Focusing

Die Klientenzentrierte Psychotherapie wurde von Carl R. Rogers während der 1940er Jahre in den USA entwickelt und das Focusing von Eugene T. Gendlin während der 1960er Jahre. In Deutschland ist die Klientenzentrierte Psychotherapie vor allem als Gesprächspsychotherapie oder auch kurz als Gesprächstherapie bekannt.

Das Konzept der Achtsamkeit kommt in der gesamten Klientenzentrierten Psychotherapie nicht vor, auch nicht unter einem anderen Namen, und es war auch in der Darstellung des Focusings anfangs nicht enthalten. Dennoch sind beide Verfahren äußerst wichtig für die Erörterung von Achtsamkeit in Psychotherapie und Selbsterfahrung, und zwar vor allem durch die Betonung von nichtwertender Akzeptanz in diesen Verfahren und durch ihre Ausrichtung auf das gegenwärtige Erleben.

Carl R. Rogers hat für die Klientenzentrierte Therapie sechs Bedingungen benannt, die sowohl notwendig als auch hinreichend dafür sind, dass in dieser Therapieform der psychotherapeutische Prozess erfolgreich verläuft. Hierbei handelt es sich um die folgenden Bedingungen:

1. Der Psychotherapeut und der Klient treten in eine Beziehung zueinander.
2. Der Klient verspürt einen Leidensdruck.

3. Der Therapeut verhält sich in der Beziehung zum Klienten authentisch.
4. Der Therapeut kann den Klienten wertschätzen.
5. Der Therapeut vermag sich in die innere Welt des Klienten einzufühlen.
6. Der Klient nimmt zumindest in einem geringen Ausmaß wahr, dass der Therapeut ihn wertschätzt und versteht.

Wenn diese sechs Bedingungen erfüllt sind, dann kann der Patient seine seelischen Probleme im Gespräch mit dem Therapeuten mehr oder weniger selbstständig bearbeiten und schließlich auch lösen. Der Psychotherapeut dient ihm hier als Begleiter, der ihm dabei hilft, sich wirklich auf seine Probleme einzulassen und dafür nach und nach Lösungen zu finden.

Die Bearbeitung der seelischen Probleme durch den Klienten verläuft in der Klientenzentrierten Therapie vor allem über eine Selbsterforschung des eigenen Erlebens. Der Klient erkundet und bearbeitet hier sein eigenes Erleben, sein Fühlen und sein Denken sowie seine Bedürfnisse und seine Erinnerungen auf eine Art und Weise, die nach und nach Lösungen für seine Probleme mit sich bringt. Um eine solche Selbsterforschung beim Klienten zu unterstützen, verwirklicht der Therapeut seinerseits drei Grundhaltungen, und zwar diejenigen der Echtheit, der Wertschätzung und der Einfühlung.

Echtheit bedeutet ein authentisches Verhalten gegenüber dem Klienten, welches mit den eigenen Gefühlen und Überzeugungen übereinstimmt. Wertschätzung zeigt sich als bedingungsfreie Akzeptanz des Klienten. Einfühlung beinhaltet ein präzises nichtwertendes Verstehen der inneren Welt des Klienten. Hierbei geht es vor allem um dessen emotionales Erleben.

Aus der Einfühlung ergibt sich die wichtigste Aktivität des Therapeuten. Diese besteht in einer fortlaufenden Verbalisierung der emotionalen Erlebnisinhalte des Klienten. Der Therapeut formuliert alle Äußerungen, die der Klienten von sich gibt, noch einmal in eigenen Worten und sagt sie ihm zurück. Bei diesem Zurücksagen oder

›Spiegeln‹ betont er vor allem die Erlebnisse und Emotionen des Klienten sowie deren Bedeutung für ihn selbst. Auf diese Weise begleitet der Therapeut den Klienten bei dessen innerer Selbsterforschung und demonstriert ihm fortlaufend, wie er ihn versteht und dass er ihn weiterhin wertschätzt.

Der Therapeut vertraut dabei auf die innere Aktualisierungstendenz des Klienten. Wie Rogers betont, hat jeder Mensch als lebender Organismus in sich eine grundlegende Tendenz, sich selbst zu aktualisieren, zu erhalten und zu erhöhen. „Ob man dies eine Tendenz zur Entfaltung, einen Drang zur Selbstaktualisierung, oder eine sich vorwärts entwickelnde Gerichtetheit nennt, es handelt sich um die Haupttriebfeder des Lebens und ist letztendlich die Tendenz, von der die ganze Psychotherapie abhängt. Es ist der Drang, der sich in allem organischen und menschlichen Leben zeigt: sich auszuweiten, auszudehnen, zu entwickeln, autonom zu werden, zu reifen."[18] Diese Tendenz beinhaltet nach Rogers sowohl eine Fähigkeit zur seelischen Selbstheilung, wie auch eine Ausrichtung zur persönlichen Selbstentfaltung.

Indem der Therapeut dem Klienten gegenüber Echtheit, Wertschätzung und Einfühlung verwirklicht, fördert er dadurch beim Klienten dessen Aktualisierungstendenz. Diese wiederum verwirklicht sich dann beim Klienten dergestalt, dass er durch eine Erforschung seines Erlebens zu mehr Heilung findet und in seiner Selbstentfaltung vorankommt. Orientierung gibt dem Klienten dabei zunehmend sein eigener „organismischer Bewertungsprozess"[19].

Ein solcher Bewertungsprozess gehört nach Rogers mit zu der dem Menschen als lebendem Organismus innewohnenden Aktualisierungstendenz. So bewertet der aus Körper und Psyche bestehende Organismus fortlaufend alle Erfahrungen, die er als Mensch macht, und alle seine Verhaltensweisen, die er zeigt. Und zwar bewertet er sie jeweils darauf hin, ob sie gut oder schlecht sind für

---

[18] Rogers: Persönlichkeit (1976), S. 49.
[19] Rogers: Theorie (1987), S. 37.

seine Erhaltung oder Entfaltung. Das körperlich-psychische Spektrum der Bewertungen, die der Organismus hier abgibt, reicht dabei von körperlichen Empfindungen, die je nach Bewertung lustvoll oder unangenehm sein können, bis hin zu eigenständigen Überlegungen, die je nach Bewertung zustimmend oder ablehnend sind.

Den organismischen Bewertungen gegenüber stehen die introjizierten. Hierbei handelt es sich um Bewertungen, die der jeweilige Mensch als Kind von seinen Eltern oder anderen Bezugspersonen unter ungünstigen Umständen ungeprüft übernommen hat. Solche introjizierten Bewertungen dominieren fast immer über den organismischen Bewertungsprozess. Der jeweilige Mensch folgt hier jeweils automatisch den ungeprüft übernommenen Bewertungen. Dies führt dann leicht dazu, dass er manche Aspekte seines Erlebens vor sich selbst verleugnet – sowie auch manche Facetten seiner Persönlichkeit, etwa bestimmte Bedürfnisse von sich oder eigene innere Konflikte. Außerdem führen die introjizierten Bewertungen oft auch zu einem negativen Selbstwertgefühl.

In der Klientenzentrierten Psychotherapie bringt der Therapeut dem Klienten nun positive Wertschätzung entgegen und begleitet zugleich dessen Erleben mit bedingungsfreier und damit nichtwertender Akzeptanz. Dadurch gelingt es dem Klienten seinerseits zunehmend, von ungeprüft übernommenen Bewertungen zu wirklich eigenen hinzufinden und diesen auch zu vertrauen.

Der psychotherapeutische Prozess besteht dabei in der Klientenzentrierten Psychotherapie vor allem darin, dass der Klient hier in seinem jeweils gegenwärtigen Erleben nach und nach die verschiedensten Facetten seiner Persönlichkeit erforscht, wie etwa seine Bedürfnisse oder eigene innere Konflikte – und zugleich auch die damit verbundenen übernommenen Bewertungen.

Alle genannten Facetten erforscht der Klient nun nicht nur hinsichtlich ihrer Bedeutung für seine seelischen Probleme, sondern mehr und mehr auch hinsichtlich ihrer Bedeutung für ihn selbst insgesamt, also für sein eigenes inneres Bild oder Konzept, das er von sich hat. Er entdeckt dabei alsbald manche positiven Facetten seiner

Persönlichkeit, die er bisher noch nicht kannte, aber auch unbefriedigte Bedürfnisse und innere Konflikte, die bisher in seinem Selbstbild noch nicht vorkamen – und er findet dabei zugleich immer mehr hin zu seinem eigenen organismischen Bewertungsprozess.

Gerade die Bearbeitung des eigenen Selbstbildes oder Selbstkonzeptes ist in der Klientenzentrierten Psychotherapie oft entscheidend dafür, dass der Klient hier schließlich auch Lösungen für seine Probleme findet. Je weiter der Klient darin fortschreitet, die verschiedensten Aspekte seines Erlebens und damit auch manche ihm bis dahin unbekannten Facetten seiner Persönlichkeit zu erforschen und eigenständig zu bewerten, desto vollständiger und angemessener wird dadurch sein Selbstkonzept und desto flexibler wird es zugleich. Dem Klienten wird es nun möglich, Facetten seiner Persönlichkeit zu entfalten, von denen er bislang überhaupt nichts wusste. Außerdem gewinnt er durch diesen Prozess zunehmend ein positives Selbstwertgefühl. So wird er schließlich auch immer mehr fähig, seine seelischen Probleme selbst zu überwinden oder zu lösen.

Leider bleibt die Klientenzentrierte Psychotherapie aber dennoch bei manchen Klienten erfolglos, selbst wenn durchaus alle sechs eingangs genannten Bedingungen erfüllt wurden. Dies gilt, wie Eugene T. Gendlin herausgefunden hat, besonders für solche Klienten, die bei der Erforschung ihres Erlebens nicht tief genug gehen, obwohl der Therapeut ihnen gegenüber die drei Grundhaltungen der Echtheit, der Wertschätzung und der Einfühlung verwirklicht und obwohl sie den Therapeuten auch selbst so wahrnehmen. Die betroffenen Klienten beziehen sich sowohl am Anfang der Therapie wie auch im weiteren Verlauf bei der Erforschung ihres Erlebens immer nur auf solche Aspekte, deren Bedeutung sie leicht in Worte fassen können, und ignorieren stets all jene, die sie nur vage spüren und deren Bedeutung sich ihnen dadurch nicht sofort erschließt.

Um solchen Menschen zu helfen, hat Gendlin eine spezielle Interventionsmethode entwickelt, nämlich das Focusing. Hierbei wird der Klient dahingehend angeleitet, dass er seine Aufmerksamkeit gezielt auf bestimmte, zunächst nur vage spürbare Aspekte seines Erlebens fokussiert, etwa auf solche, die mit einem Problem von ihm verbunden sind, und dass er dann dort mit seiner Aufmerksamkeit förderlich verweilt, bis sich aus jenen Aspekten heraus deren Bedeutung in einer für ihn verstehbaren Form entfaltet hat.

Das Focusing kann innerhalb einer Psychotherapie eingesetzt werden, es lässt sich aber auch alleine praktizieren, als Methode zur Selbsthilfe, um persönliche Probleme damit eigenständig zu lösen. Hier hilft das Focusing dem Praktizierenden vor allem dabei, solche Probleme zunächst einmal tiefer und umfassender zu verstehen, sodass er dann leichter und besser mit ihnen umgehen kann. Gendlin hat das Vorgehen beim Focusing, den Focusing-Prozess, in sechs Schritte oder Bewegungen unterteilt.

Wenn ein Mensch das Focusing alleine praktizieren will, braucht er dafür einen Ort, an dem er für eine gewisse Zeit seine Ruhe hat. Der erste Schritt besteht dann darin, sich auch im eigenen Inneren etwas Platz zu schaffen. Der Praktizierende geht dazu alle Probleme, die ihn aktuell beschäftigen, nacheinander in Gedanken durch und versucht, zu jedem dieser Probleme innerlich ein bisschen Distanz zu gewinnen.

Nun wählt er von all seinen Problemen dasjenige aus, welches sich für ihn am schlechtesten anfühlt, welches also in seinem Körper, etwa in der Brust oder im Bauch, die unangenehmsten Empfindungen hervorruft, wenn er es sich in Gedanken vergegenwärtigt. Dieses Problem nun körperlich genauer zu fühlen ist der zweite Schritt im Focusing-Prozess. Hierbei geht es dann gerade um die zunächst nur vage spürbaren Aspekte seines gegenwärtigen Erlebens. Dementsprechend fokussiert der Praktizierende jetzt seine Aufmerksamkeit innerlich auf die unangenehmen Empfindungen, die mit dem ausgewählten Problem verbunden sind, und versucht, von dort her zu spüren, wie sich sein Problem insgesamt, in allen seinen Facetten, körperlich anfühlt. So kommt er zunächst einmal in Kontakt mit dem sogenannten ›Felt Sense‹ des Problems, also mit dessen gefühlter Bedeutung. Sobald der Praktizierende die Bedeutung dieses Felt Sense versteht, wird er dadurch auch sein Problem insgesamt umfassender und tiefer verstehen. Entscheidend ist hier die eigentliche Krux des Problems, also das Schlimmste daran.

Im dritten Schritt stellt der Praktizierende deshalb an den Felt Sense des Problems eine entsprechende Frage: Er fragt in sich hinein, was das Schlimmste an dem Problem ist. Daraufhin wartet er ab, welche Antwort aus dem Felt Sense des Problems auf seine Frage hin in ihm aufsteigt. Diese Antwort kann sich als ein Gefühl oder ein inneres Bild manifestieren, sie kann aber auch sogleich in Worten erfolgen. Körperlich geht sie oft mit einem sogenannten ›Felt shift‹ einher, also mit einer spürbaren Veränderung darin, wie sich der Felt Sense des Problems anfühlt.

Der vierte Schritt beinhaltet die Definition der aufgestiegenen Antwort. Wenn die Antwort in Worten erfolgt ist, lässt sich daraus für gewöhnlich leicht eine verbalisierte und damit verstehbare Bedeutung ableiten. Hat sich die Antwort zunächst als ein Gefühl oder ein inneres Bild manifestiert, dann wendet sich der Praktizierende im vierten Schritt diesem Gefühl oder Bild zu, sowie von dort her dem nun vielleicht etwas veränderten Felt Sense des Problems – und verweilt dabei, aufmerksam spürend, bis daraus von alleine eine Antwort in Worten aufsteigt, die dann eine für ihn verstehbare Form hat.

Nun ist als fünfter Schritt eine Überprüfung der verbalisierten Bedeutung notwendig. Hierfür wendet sich der Praktizierende wiederum dem Felt Sense seines Problems zu, so wie dieser sich jetzt anfühlt, und vergleicht ihn nun mit der verbalisierten Bedeutung, die er daraus als Antwort auf seine Frage erhalten hat. Wenn er die Bedeutung des Felt Sense richtig verstanden hat, reagiert sein Körper während der Überprüfung als Bestätigung mit einem tiefen Atemzug oder mit einer spürbaren Erleichterung sowie erneut mit einem Shift im Felt Sense. Die damit bestätigte Bedeutung sollte dem Praktizierenden dabei helfen, sein Problem tiefer und umfassender zu verstehen, sodass er leichter und besser mit ihm umgehen kann.

Wenn der Praktizierende aber keine Bestätigung erhalten hat oder wenn die verbalisierte Bedeutung für ihn nicht hilfreich ist, so können als sechster Schritt weitere Runden im Focusing-Prozess absolviert werden. Hier pendelt der Praktizierende dann innerlich mit seiner Aufmerksamkeit immer wieder hin und her zwischen dem Felt Sense des Problems sowie den daraus aufsteigenden Gefühlen und Bildern und außerdem den daraus wiederum sich ergebenden Verbalisierungen – bis sich aus ihnen heraus eine verstehbare Bedeutung für sein Problem entfaltet hat, die für ihn hilfreich ist und auf die auch sein Körper mit einer Bestätigung reagiert.

Gestalttherapie: Nutzen und Vermeidung von Gewahrsein

Die Gestalttherapie wurde von Frederick S. (›Fritz‹) Perls gemeinsam mit Lore (Laura) Perls während der 1940er Jahre in Südafrika entwickelt. Gegen Ende dieser Jahre siedelten beide in die USA um. Fritz Perls war der erste Psychotherapeut, der die wichtigsten Komponenten der Achtsamkeit als zentrale Elemente in seine Therapiemethode einführte, nämlich das Gewahrsein des eigenen Erlebens im Hier und Jetzt und das Beobachten des eigenen Erlebens ohne Bewertung. Eingesetzt wird die Gestalttherapie sowohl in der Behandlung von Patienten, die unter neurotischen oder psychosomatischen Symptomen leiden, als auch ganz allgemein zur Förderung von Selbsterfahrung und Selbstverwirklichung.

In der Gestalttherapie steht Awareness und damit Bewusstheit im Mittelpunkt des Vorgehens. Fritz Perls formuliert diese grundlegende Ausrichtung der Gestalttherapie auf Bewusstheit etwas überspitzt folgendermaßen: "Der erste Satz, mit dem wir den Patienten auffordern, die Therapie zu beginnen, und den wir die ganze Zeit – nicht nur in Worten, sondern im Geist – behalten, ist der einfache Satz: ›Jetzt bin ich mir bewusst.‹"[20] Dieser Satz beinhaltet zugleich eine Ausrichtung auf die Gegenwart: „Das ›jetzt‹ hält uns in der Gegenwart und lässt uns erkennen, dass keine Erfahrung möglich ist außer in der Gegenwart."[21]

Awareness ist Gewahrsein in der Gegenwart. „Bewusstheit findet immer in der Gegenwart statt."[22] Um Bewusstheit etwas genauer zu charakterisieren, unterscheidet Perls sie von der Aufmerksamkeit. Jene findet zwar ebenfalls stets in der Gegenwart statt, doch wenn sie beispielsweise auf die eigene Person gerichtet ist, dann ist sie dabei präziser und zugleich angespannter. „Bewusstheit ist diffuser als Aufmerksamkeit – sie bedeutet eher eine entspannte als eine angespannte Wahrnehmung der ganzen Person."[23]

Trotzdem ist auch für die Bewusstheit in der Gestalttherapie eine gewisse Konzentration vonnöten – allerdings eine entspannte Konzentration. Sie ist vonnöten, weil der gewöhnliche Patient sehr dazu neigt, von der Gegenwart abzuschweifen in die Vergangenheit (oder in die Zukunft) und vom Erfahren abzuschweifen zum Darüberreden (oder in irgendwelche Fantasien). Außerdem geht es in der Gestalttherapie nicht nur um eine Wahrnehmung der ganzen Person, sondern oft um eine fokussierte Bewusstheit, also um eine entspannte Konzentration auf bestimmte Bereiche der eigenen Person beziehungsweise der jeweiligen Erfahrung, nämlich etwa auf die Art und Weise, wie die eigenen Symptome im Hier und Jetzt erfahren werden. Gefördert wird eine solche Konzentration des Patienten auf seine Symptome durch die Anweisung des Gestalttherapeuten, dass er sie einfach nur beschreiben soll, ohne sie zu bewerten oder zu erklären.

[20] Perls: Grundlagen (1976), S. 83.
[21] Perls: Grundlagen (1976), S. 83.
[22] Perls: Grundlagen (1976), S. 84.
[23] Perls: Grundlagen (1976), S. 29.

Die Technik der Konzentration des Patienten auf seine Erfahrung im Hier und Jetzt ist für die Gestalttherapie so bedeutsam, dass Fritz Perls seine Behandlungsmethode anfänglich als Konzentrationstherapie bezeichnet hat. Konkret besteht diese Technik zunächst darin, den Patienten zu einem direkten Gewahrsein seiner jeweils gegenwärtigen Erfahrung zu bringen und ihn darin möglichst zu halten – während die Erfahrung selbst sich verändert. „Darüber hinaus verschafft uns die Konzentrationstechnik (fokussierte Bewusstheit) ein Werkzeug, in der Therapie nicht so sehr in die Breite als in die Tiefe zu wirken."[24] Insbesondere können mit der Konzentrationstechnik und mit darauf aufbauenden Vorgehensweisen, wie etwa der Dialogtechnik, die Vermeidungsmechanismen des Patienten durchgearbeitet und aufgelöst werden.

Perls hat hier hauptsächlich folgende vier Vermeidungsmechanismen beschrieben, nämlich die Introjektion, die Projektion, die Retroflektion und die Konfluenz. Mithilfe dieser Mechanismen vermeiden Menschen bei sich selbst ein adäquates Gewahrsein von bestimmten Gefühlen, Bedürfnissen, Impulsen oder Wünschen – und zwar indem sie diese entweder

- durch ungeprüft übernommene Vorschriften ersetzen (Introjektion) oder
- einfach anderen Personen andichten (Projektion) oder
- selbstschädigend gegen die eigene Person richten (Retroflektion) oder
- mit solchen aus dem sozialen Umfeld verwischen (Konfluenz).

Stets richten sich diese Vermeidungsmechanismen dabei gegen das Gewahrwerden von wichtigen Aspekten des eigenen Erlebens oder der eigenen Persönlichkeit.

Der Vermeidungsmechanismus der Introjektion besteht zunächst einmal darin, dass Vorschriften aus dem sozialen Umfeld einfach ungeprüft und gleichsam unverdaut in die eigene Persönlichkeit übernommen werden. Vermieden wird hier anfangs vor allem die

---

[24] Perls: Grundlagen (1976), S. 86.

Assimilation der entsprechenden Vorschriften und darauf hin dann immer wieder das Gewahrsein von ihnen widersprechenden Gefühlen, Bedürfnissen, Impulsen oder Wünschen.

Das Zusammenleben in einer Gemeinschaft macht es für jeden Menschen erforderlich, dass er während seiner Kindheit und auch noch als Erwachsener viele Vorschriften aus seinem Umfeld in sich aufnimmt, um sie fortan zu befolgen. Doch für sein eigenes Wohlbefinden ist es erforderlich, dass er diese Vorschriften auch verdaut und wirklich assimiliert, um zu einem guten Ausgleich zu finden zwischen ihrer Befolgung und den eigenen Bedürfnissen und Gefühlen. Bei der Introjektion jedoch wird dieser Ausgleich verhindert. Oftmals werden hier bereits während der Kindheit viele Vorschriften, sowohl Gebote wie auch Verbote, von den eigenen Eltern unter schwierigen Umständen gezwungenermaßen in die eigene Persönlichkeit aufgenommen, die dann fortan als Introjekte in ihr wirken. Diese Introjekte ersetzen von da an ein adäquates Gewahrsein von solchen Gefühlen oder Bedürfnissen, die zu ihnen im Widerspruch stehen. So wird hier beispielsweise das Gewahrsein von Ärger ersetzt durch die introjizierte Vorschrift, stets freundlich sein zu müssen, oder das Gewahrsein von Erschöpfung wird ersetzt durch die introjizierte Vorschrift, allzeit leistungsbereit sein zu müssen. Darüber hinaus sind unverdaut übernommene Vorschriften auch eine wichtige Ursache für den Einsatz der anderen Vermeidungsmechanismen.

Bei dem Mechanismus der Projektion wird das Gewahrsein von bestimmten Bedürfnissen oder Gefühlen dadurch vermieden, dass diese stattdessen einfach anderen Personen angedichtet werden. Klassische Beispiele hierfür sind nach Perls die sexuell gehemmte Frau, die sich beklagt, dass sich ihr alle Männer so unsittlich nähern, und der verschlossene hochmütige Mann, der sich beklagt, dass alle Mitmenschen so unfreundlich zu ihm sind.

Der Vermeidungsmechanismus der Retroflektion besteht darin, eigene Gefühle oder Impulse selbstschädigend gegen die eigene Person zu richten, statt sich ihrer direkt gewahr zu werden. Der jeweilige Mensch empfindet vielleicht Ärger bezüglich einer anderen

Person, doch statt sich dieses Gefühls bewusst zu werden und ihm Ausdruck zu verleihen, richtet er den Ärger gegen sich selbst und erlebt ihn dann etwa als Schuldgefühl.

Bei dem Mechanismus der Konfluenz verwischt der betreffende Mensch seine eigenen aktuellen Gefühle und Bedürfnisse mit solchen, die aktuell in seinem Umfeld vorherrschen. Er passt sich in seinem Erleben den Gefühlen und Bedürfnissen seines Umfeldes an und vermeidet dadurch ein adäquates Gewahrsein seiner eigenen, davon eventuell abweichenden Gefühle und Bedürfnisse. Während in einer bestimmten Situation beispielsweise in ihm Angst aufzukommen droht, teilt und erlebt er stattdessen doch die Zuversicht seiner Mitmenschen.

Jeder Mensch ist als Körper, Seele und Geist eine einzige Gestalt, ein unteilbarer Organismus – und dieser Organismus hat eine natürliche Tendenz zur Selbstregulation. Jene Tendenz funktioniert in einem Menschen umso besser, wenn er auch ein adäquates Gewahrsein verwirklicht und wenn dieser Tendenz nicht zu viele unverdaute Introjekte entgegenstehen.

Fast alle Menschen nehmen jedoch während ihrer Kindheit gezwungenermaßen manche oder auch viele Vorschriften auf, die sie nicht assimilieren können und die dann als Introjekte, als unverdaute ›Fremdkörper‹, in ihrem Organismus und hier speziell auch in ihrer Persönlichkeit verbleiben. Vor allem diese Introjekte sind es, die den Organismus immer wieder dazu veranlassen, Vermeidungsmechanismen zum Einsatz zu bringen, um durch sie das Gewahrsein von solchen Gefühlen, Bedürfnissen, Impulsen oder Wünschen zu vermeiden, die im Widerspruch zu den unverdauten Vorschriften stehen.

Mit dem Einsatz dieser Mechanismen torpediert der Organismus aber zugleich gezwungenermaßen seine eigene natürliche Selbstregulation: Manche drängenden Gefühle werden dadurch nicht erlebt, manche wichtigen Bedürfnisse bleiben unbefriedigt, viele Impulse und viele Wünsche werden unterdrückt, ohne dass sich der jeweilige Mensch dessen überhaupt nur gewahr wird.

Alle nicht erlebten Gefühle, viele der unbefriedigten Bedürfnisse und der unterdrückten Impulse sowie auch manche der unerfüllten Wünsche eines Menschen sind gleichsam ›unerledigte Geschäfte‹ seines Seelenlebens. Solche ›unerledigten Geschäfte‹ zu beenden ist eine der Hauptaufgaben in der Gestalttherapie. Und hierfür ist Gewahrsein notwendig. „Ohne Bewusstheit gibt es keine Kenntnis einer Wahlmöglichkeit."[25] Erst wenn sich der Patient seiner unbefriedigten Bedürfnisse oder seiner unterdrückten Impulse gewahr wird, kann er auch selbst entscheiden, wie er mit ihnen umgehen will, ob er vielleicht manche dieser Bedürfnisse doch irgendwie befriedigen kann und manchen seiner Impulse doch nachgeben möchte. Der Nutzen von Gewahrsein besteht also darin, dass es Wahlmöglichkeiten eröffnet und dass es ein besseres Funktionieren der natürlichen Selbstregulation ermöglicht.

Die therapeutische Arbeit, bei der es darum geht, ›unerledigte Geschäfte‹ zu beenden, kann etwa als Arbeit an einem speziellen Symptom beginnen oder auch allgemein als Arbeit am eigenen Erleben. Sie wird in der Gestalttherapie in Einzelsitzungen oder auch in Gruppen durchgeführt. Bei der Arbeit in einer Gruppe befindet sich neben dem Stuhl, auf dem der Therapeut sitzt, ein freier Sitzplatz, der als ›heißer Stuhl‹ bezeichnet wird. Auf diesen ›heißen Stuhl‹ setzt sich jeweils dasjenige Gruppenmitglied, welches nun mit dem Therapeuten arbeiten will.

Grundlage für das therapeutische Vorgehen ist bei der Arbeit in einer Gruppe genauso wie bei der Arbeit in Einzelsitzungen eine möglichst kontinuierliche Verwirklichung von Awareness. Der Gruppenteilnehmer, der mit dem Therapeuten arbeitet, sollte sich währenddessen also zugleich ständig seiner selbst nichtwertend gewahr sein. Die Gestalttherapeutin Stella Resnick erläutert die Grundhaltung, um die es hier geht, folgendermaßen: „Ich empfehle meinen Gruppenmitgliedern, unparteiischer Beobachter zu sein, während sie das Augenmerk auf sich richten. Das heißt: Sie sind zweierlei zur

---

[25] Perls: Grundlagen (1976), S. 84.

selben Zeit – jemand, der spricht und handelt, und jemand, der beobachtet (ohne zu bewerten), um sich selbst objektiver zu betrachten."[26]

Nicht erlebte Gefühle und nicht befriedigte Bedürfnisse manifestieren sich oft in den Symptomen des jeweiligen Menschen und sie zeigen sich zumeist auch in nonverbalen oder paraverbalen Signalen, also etwa in seiner Gestik oder in seiner Mimik oder im Tonfall seiner Stimme. Wenn der Patient dasjenige seiner Symptome, welches ihn aktuell am meisten quält, mit Gewahrsein erforscht, oder wenn der Therapeut das Gewahrsein des Patienten auf ein auffälliges nonverbales oder paraverbales Signal von ihm lenkt, dann wird dem Patienten über kurz oder lang auch das dahinter steckende Gefühl oder Bedürfnis in seinem Gewahrsein bewusst werden.

Der Patient ballt beispielsweise auf einmal seine linke Hand zur Faust oder seine Stimme wird plötzlich immer lauter – ohne dass er sich des Ärgers bewusst ist, der sich in dem entsprechenden Signal manifestiert. Der Gestalttherapeut greift nun dieses Signal auf und macht es dem Patienten deutlich, indem er ihn beispielsweise fragt, ob er sich wohl dessen bewusst ist, was seine linke Hand gerade gemacht hat, oder indem er ihn jetzt mehrmals nacheinander auffordert, den letzten Satz, den er so laut gesagt hat, noch öfters zu wiederholen und dabei jeweils immer lauter zu sprechen. Durch solche Vorgehensweisen hilft der Therapeut dem Patienten dabei, ein bislang nicht erlebtes Gefühl oder auch ein bislang nicht befriedigtes Bedürfnis in sein Gewahrsein zu holen.

Wenn dem Patienten ein Gefühl oder Bedürfnis bewusst wird, welches in Widerspruch steht zu einer von ihm irgendwann einmal introjizierten Vorschrift, dann wird ihm jedoch zumeist auch ziemlich schnell das entsprechende Introjekt bewusst, und zwar als innerer Einwand gegen das jeweilige Gefühl oder Bedürfnis. So erlebt der Patient nun einen inneren Konflikt zwischen dem jeweiligen Gefühl oder Bedürfnis auf der einen Seite und dem entsprechenden Intro-

---

[26] Resnick: Gestalt-Therapie (1975), S. 70.

jekt auf der anderen Seite. Ein solcher Konflikt wird in der Gestalttherapie zumeist mithilfe der Dialogtechnik bearbeitet. Dabei tritt der Klient gleichsam mit sich selbst in einen Dialog, um zu einem Ausgleich zwischen dem Gefühl oder Bedürfnis und dem Introjekt zu gelangen und um gleichzeitig die entsprechende Vorschrift zu assimilieren.

Damit der Patient seinen inneren Konflikt möglichst klar austragen kann, bietet der Gestalttherapeut ihm für die Dialogtechnik einen weiteren Stuhl an, der auch als ›leerer Stuhl‹ bezeichnet wird. So kann der Patient nun, auf seinem bisherigen Stuhl sitzend, die eine Seite oder Position seines inneren Konfliktes darstellen, und dann jeweils auf den leeren Stuhl wechseln, wenn er die andere Seite oder Position seines inneren Konfliktes darstellt.

Der Patient verkörpert also bei der Dialogtechnik nacheinander immer wieder abwechselnd beide Positionen seines inneren Konfliktes, setzt sich dabei jeweils in den einen Stuhl, wenn er für die eine Position spricht, und in den anderen, wenn er für die andere spricht. So bearbeitet er im Dialog mit sich selbst jenen Konflikt, bis er dafür eine Lösung gefunden hat, mit der beide Seiten von ihm einverstanden sind, die also einerseits einen besseren Umgang mit dem jeweiligen Gefühl oder Bedürfnis ermöglicht und die andererseits zugleich auch eine Assimilation des Introjektes beinhaltet.

Der ›leere Stuhl‹ ist in der Gestalttherapie auch hilfreich für die Bearbeitung von Projektionen. Wenn der Therapeut den Eindruck hat, dass ein bestimmtes Gefühl oder Bedürfnis, welches der Patient einer anderen Person zuschreibt, tatsächlich vor allem ein eigenes Gefühl oder Bedürfnis des Patienten ist, dann lädt er ihn zumeist dazu ein, auf dem leeren Stuhl einmal, sozusagen als Experiment, die Rolle der jeweiligen anderen Person zu übernehmen. Der Patient soll hier versuchsweise so tun und reden, als wäre er diese andere Person mit jenem Gefühl oder Bedürfnis. Mitunter entdeckt er dann recht schnell das jeweilige Gefühl oder Bedürfnis in sich selbst als sein eigenes.

Moshe Feldenkrais und ›Bewusstheit durch Bewegung‹

›Bewusstheit durch Bewegung‹ ist eine von Moshe Feldenkrais begründete Methode zur Selbstverbesserung durch vorgegebene Bewegungsübungen, die jeweils mit Bewusstheit durchzuführen sind. Die Grundlagen für diese Methode hat sich Feldenkrais bereits während der 1930er und 1940er Jahre in Europa erarbeitet. Das entscheidende Buch zu dieser Methode, nämlich *Bewusstheit durch Bewegung*, hat er 1967 in Israel veröffentlicht. Das Grundprinzip von ›Bewusstheit durch Bewegung‹ ist ein psychosomatisches Lernen, das aus langsamen und variantenreichen Bewegungen resultiert und zugleich ein bewusstes und aufmerksames Spüren erfordert. Obwohl diese Methode durchaus heilsame Effekte haben kann, versteht sie sich ausdrücklich als Pädagogik und nicht als Therapieverfahren.

Neben angeleiteten Bewegungsabläufen bildet eine möglichst kontinuierlich aufrecht zu erhaltende Bewusstheit die wichtigste Komponente der als ›Bewusstheit durch Bewegung‹ bezeichneten Feldenkrais-Methode. Der Schüler, der die Übungen dieser Methode absolviert, ist angehalten, diese stets mit einem achtsamen Spüren durchzuführen, welches sich darauf richtet, wie sich die Bewegungen für ihn anfühlen, während er sie vollzieht.

Feldenkrais selbst definiert den Begriff der ›Bewusstheit‹ folgendermaßen: „Bewusstheit ist Bewusstsein und das Erkennen dessen, was im Bewusstsein vor sich geht, oder dessen, was in uns vor sich geht, während wir bei Bewusstsein sind."[27] Diese Bewusstheit ist für ihn ein dritter und höherer Zustand des Menschen, neben demjenigen des Schlafens und demjenigen des Wachseins – und seine Etablierung ist für ihn zugleich das nächste große Ziel in der Evolution des Menschen. ›Bewusstsein‹ meint oft nur den Zustand des Wachseins. Man ist ›bei Bewusstsein‹, wenn man weder schläft

---

[27] Feldenkrais: Bewusstheit (1978), S. 78.

noch ohnmächtig ist. Aber man kann bei Bewusstsein sein und etwas tun und zugleich mit seinen Gedanken oder in seinen Tagträumen ganz woanders sein, ohne irgendeine Bewusstheit hinsichtlich dessen, was man tut. So ist die Verwirklichung von Bewusstheit mehr und etwas anderes, als einfach nur bei Bewusstsein zu sein.

Die Evolution des Lebens hat für den Menschen zu Strukturen seines Nervensystems geführt, die ihm jenes Bewusstsein ermöglichen, welches er als sein eigenes kennt. Genau hier findet nun für Feldenkrais auch der nächste große Schritt in der Evolution statt: „In diesen Strukturen geht die Richtung der Entwicklung dahin, den Umfang der Bewusstheit zu erweitern."[28] So betrachtet er seine Methode der ›Bewusstheit durch Bewegung‹ zugleich auch als einen kleinen Beitrag dazu, die Evolution des Menschen insgesamt weiterzubringen. Jeder Einzelne, der als Schüler mit dieser Methode arbeitet, kann dadurch nicht nur zu einer besseren Beweglichkeit finden, sondern auch zu einer vermehrten Bewusstheit. Nach Feldenkrais gibt es in jedem Menschen einen biologischen Grundtrieb, sich auszuwachsen und sich völlig zu entwickeln.

Das Bewusstsein, welches der Mensch als sein eigenes kennt, sein gewöhnliches Wachsein, ist aus verschiedenen Komponenten zusammengesetzt: „Vier Bestandteile machen das Wachsein aus: Sinnesempfindung, Gefühl, Denken und Bewegung."[29] Feldenkrais wählte für seine Methode der Selbstverbesserung zu einer vermehrten Bewusstheit hin von diesen vier Bestandteilen denjenigen der Bewegung. Er nannte für diese Wahl verschiedene Gründe, von denen die folgenden beiden vielleicht die wichtigsten sind: „Das Nervensystem ist vorwiegend mit Bewegung beschäftigt."[30] Es beschäftigt sich mit Bewegung, so Feldenkrais, mehr als mit Sinnesempfindungen, Gefühlen und Gedanken. Außerdem können Bewegungen

[28] Feldenkrais: Bewusstheit (1978), S. 77.
[29] Feldenkrais: Bewusstheit (1978), S. 56.
[30] Feldenkrais: Bewusstheit (1978), S. 59.

klarer und sicherer erfasst werden: „Die Qualität von Bewegung ist leichter zu erkennen."[31]

Vermittels einer Verbesserung von Bewegung können auch das Verhalten und die Gefühle von der Bewegung her positiv beeinflusst werden. Jedes Handeln ist immer auch mit körperlicher Bewegung verbunden – und jedes Erleben eines Gefühls geht ebenfalls mit Bewegung einher, mit einer entsprechenden Mimik oder sogar Gestik und mit Veränderungen in der Atembewegung.

Der Weg zur Selbstverbesserung, den Feldenkrais propagiert, ist also ein Weg über die Bewegung. Doch es geht hier entscheidend um *Bewusstheit* in der Bewegung. Diese Bewusstheit wiederum erfordert auch Sinnesempfindungen. Der passende Sinn ist hier der propriozeptive oder kinästhetische. Dieser ermöglicht die Eigenwahrnehmung des Körpers, also die innere Wahrnehmung der eigenen Körperempfindungen, wie etwa Druck oder Schmerz, und der eigenen Bewegungen der verschiedenen Körperteile, also etwa der Arme und der Beine sowie von Hals und Kopf, Becken und Wirbelsäule.

Besondere Beachtung findet in der Feldenkrais-Methode außerdem die Schwerkraft. Jegliche Bewegung des Menschen findet im Gravitationsfeld der Erde statt. Dementsprechend reagieren alle Muskeln des Menschen sowie sein Nervensystem immer auch auf dieses Feld. Viele Muskeln wirken, insbesondere im Stehen, Gehen oder auch im Sitzen, ständig der Erdanziehungskraft entgegen.

Deswegen handelt es sich bei den ersten Übungen, zu denen ein Schüler in der Feldenkrais-Pädagogik eingeladen wird, zumeist um solche, die im Liegen durchzuführen sind. In dieser Position ist der Einfluss der Schwerkraft deutlich geringer, als im Sitzen oder gar im Stehen. Dadurch ist das Nervensystem weniger belastet und die Eigenwahrnehmung des Körpers fällt leichter.

Eine grundlegende Übung zur Eigenwahrnehmung ist in der Feldenkrais-Methode das sogenannte ›Durchkämmen‹ des eigenen

---

[31] Feldenkrais: Bewusstheit (1978), S. 59.

Körpers. Für diese Übung wird die Rückenlage eingenommen, wobei die Beine bequem nebeneinander liegen und die Arme oberhalb des Kopfes parallel zu den Beinen abgelegt werden. Die entscheidende Anweisung für diese Übung lautet: „Schließen Sie die Augen und versuchen Sie die Körperstellen zu spüren, die mit dem Boden in Berührung sind."[32]

Der Schüler, der diese Übung durchführt, entdeckt leicht beträchtliche Unterschiede in der Berührung des Bodens. Mit manchen Stellen oder Teilen seines Körpers liegt er deutlich auf dem Boden, mit anderen nur leicht und mit vielen gar nicht. Zu denjenigen Körperteilen, mit denen er den Boden nur leicht oder gar nicht berührt, mögen beispielsweise die Ellenbogen und die Oberarme gehören. Hier kann ein vorgegebener Bewegungsablauf die Übung fortsetzen, etwa gemäß folgender Anweisung: „Heben Sie, aber von der Schulter ausgehend, Ihren rechten Oberarm, bis der Handrücken nur eben aufhört, den Boden zu berühren: eine ganz kleine Bewegung also und möglichst langsam ausgeführt."[33] Nachdem er diese Anweisung durchgeführt hat, lässt der Schüler den Arm wieder auf den Boden sinken und dort ausruhen. Diesen Bewegungsablauf wiederholt er nun noch einige Male jeweils mit dem rechten Arm und spürt daraufhin nach, welche Veränderungen und Verbesserungen sich dadurch in seinem Kontakt zum Boden ergeben haben.

Oft wird in der Feldenkrais-Pädagogik nur mit einer Seite des Körpers gearbeitet und die andere wird so belassen, wie sie ist. Der Schüler geht dann aus den Übungen mit einem deutlich unterschiedlichen Erleben seiner beiden Körperhälften – doch nach und nach findet in seinem Nervensystem ein Transfer statt, bei dem dieses manche Verbesserungen, die auf der einen Seite erreicht wurden, auf die andere Seite überträgt.

Neben Übungen im Liegen gibt es in der Feldenkrais-Pädagogik auch solche, die im Stehen, im Sitzen oder in anderen Körperhaltun-

---

[32] Feldenkrais: Bewusstheit (1978), S. 128.

[33] Feldenkrais: Bewusstheit (1978), S. 130.

gen durchgeführt werden. Sie alle beinhalten vorgegebene Bewegungsabläufe, die vom Schüler nicht nur körperlich zu absolvieren sind, sondern bei denen der bewusste Mitvollzug mindestens ebenso wichtig ist. Es geht hier niemals nur um die jeweilige Bewegung an sich, sondern stets zugleich um die Bewusstheit in der Bewegung.

Die Abläufe der Bewegungen in den Feldenkrais-Übungen sind vielfältig und ausgeklügelt sowie oft auch ungewöhnlich. Wenn der Schüler den Anweisungen der Übungen folgt, dann führen sie ihn zu neuen Entdeckungen über seinen Körper und dessen Möglichkeiten. Das Lernen, zu dem ihn jene Übungen anregen, ist dabei letztendlich sein eigenes Lernen. So gibt es in der Durchführung der Übungen auch kein Richtig oder Falsch. Jeder Schüler absolviert die Übungen auf seine Weise und in seinem eigenen Tempo. Wenn er den Anweisungen nicht genau folgen kann, dann folgt er ihnen einfach ungefähr. Hast und Eile sowie Überanstrengung oder gar Schmerzen sollte er unbedingt vermeiden.

Die Feldenkrais-Methode vertraut einerseits auf die Fähigkeit des Körpers zur Selbstorganisation bzw. Selbstregulation und erfordert andererseits den bewussten Mitvollzug des Schülers. Das Lernen des Schülers ist hier ein Lernen, welches jener Fähigkeit seines Körpers entspringt und welches sich durch die Bewusstheit des Schülers verwirklicht. Es ist ein psychosomatisches Lernen, das vor allem dann stattfindet, wenn der Schüler die Bewegungen körperlich vollzieht und sie zugleich bewusst spürt, wenn er also nicht nur sich den Anweisungen entsprechend bewegt, sondern zugleich auch mit Interesse und Aufmerksamkeit wahrnimmt, wie sich sein Körper dabei innerlich anfühlt.

Die Verbesserung der Beweglichkeit findet in der Feldenkrais-Methode dadurch statt, dass ungünstige und eingeschränkte Bewegungsgewohnheiten zu günstigeren und freieren verändert werden. Je nachdem, um welche Übung es sich handelt, entdeckt der Schüler, während er sie mit Bewusstheit durchführt, zu dem einen oder anderen seiner gewohnten Bewegungsmuster eine günstigere Alternative, also eine neue Bewegungsweise, die leichter und angenehmer ist und die sich für ihn auch genauso anfühlt. Weil sie sich für ihn leichter und angenehmer anfühlt, organisiert der Körper selbst, beziehungsweise das Nervensystem des Schülers, sein gewohntes, aber ungünstiges Bewegungsmuster entsprechend um.

Die Selbstverbesserung, die in der Feldenkrais-Methode angestrebt wird, bezieht sich aber nicht nur auf die eigene Beweglichkeit, sondern auch auf neue Verhaltensmuster und Handlungsweisen. Bei fast allen Handlungen, die wir bewusst vollziehen, folgen wir festen Gewohnheiten, die sich uns eingeprägt haben. Und manche oder auch viele dieser Gewohnheiten sind eher ungünstig oder zumindest verbesserungswürdig.

Die entsprechenden Handlungen können, so Feldenkrais, relativ leicht verändert werden, wenn man bei ihnen zunächst zwei Phasen unterscheidet, die allerdings schnell aufeinander folgen: „Die erste ist die vorbereitende Phase – die Mobilisation der Haltung des Körpers, die für die Handlung nötig ist – die zweite ist die Ausführung der Handlung. Zwischen den beiden ist eine kurze Zeitspanne, die es ermöglicht zu lernen, die Mobilisation durch einen Willensimpuls zu hemmen oder zu steigern. So ist es möglich, die Handlung zu vollziehen oder zu verhindern.“[34]

Die Mobilisation der Haltung des Körpers, die vorbereitende Phase, erfolgt über entsprechende Bewegungsabläufe. Je besser der Schüler darin trainiert ist, seine eigenen Bewegungsabläufe achtsam mitzuvollziehen, desto leichter fällt es ihm nach und nach auch, solche Mobilisationen bei sich zu erkennen.

Durch den bewussten Mitvollzug von Bewegungsabläufen lernt der Schüler nebenbei, eigene gewohnheitsmäßige Reaktionsmuster immer deutlicher wahrzunehmen und ungünstige solcher Muster einerseits zu unterbrechen und andererseits auch zu verbessern. Dies gilt zunächst vor allem während der Übungen, später dann ebenso für den Alltag und hier schließlich manchmal sogar unter Stress. Gerade auch in solchen Situationen, die Angst auslösen oder

---

[34] Feldenkrais: Bewegungserziehung (1977), S. 187 f.

als Überforderung erlebt werden, kann Bewusstheit hilfreich sein, um hier nicht mehr weiter gleichsam automatisch mit den althergebrachten ungünstigen Verhaltensmustern zu reagieren, sondern dafür neue Handlungsweisen als Alternativen zu entdecken und zu erlernen.

Wenn der Schüler sich mittels der Feldenkrais-Übungen darin trainiert, vermehrt Bewusstheit für seine Bewegungsabläufe zu entwickeln, dann mag es ihm mitunter zuteil werden, dass ihm eine solche Bewusstheit auch im Alltag unter Stress gelingt. So kann er nun in solchen Situationen, die bei ihm Angst auslösen oder die er als Überforderung erlebt, seine sich in ihm anbahnenden gewohnten Reaktionsmuster mit einem Willensimpuls hemmen und daraufhin durch angemessenere Handlungsweisen ersetzen.

Das tiefergehende Ziel der Feldenkrais-Methode ist jedoch weder eine bessere Beweglichkeit des Körpers, noch ein angemessenerer Umgang mit Stress, sondern eine vermehrte Bewusstheit im Geist. Diese vermehrte Bewusstheit im Geist gilt es hier dadurch zu entwickeln, indem mithilfe von Bewusstheit eine bessere Beweglichkeit des Körpers oder ein angemessenerer Umgang mit Stress eingeübt wird.

Erich Fromm: Achtsamkeit und Seinsorientierung

Erich Fromm entwickelte während der 1930er Jahre in den USA aus der von Sigmund Freud begründeten Psychoanalyse heraus seine eigene Variante, die er später zeitweilig als ›humanistische Psychoanalyse‹ bezeichnete. Weithin bekannt wurde er aber vor allem durch zahlreiche Veröffentlichungen, von *Die Furcht vor der Freiheit* über *Die Kunst des Liebens* und *Anatomie der menschlichen*

Destruktivität bis hin zu *Haben oder Sein*. Bereits Ende der 1950er Jahre lotete er Berührungspunkte zwischen Zen-Buddhismus und Psychoanalyse aus und Mitte der 1970er Jahre empfahl er seinen Lesern durch das Literaturverzeichnis von *Haben oder Sein* die klassische buddhistische Achtsamkeitsmeditation, die er inzwischen auch selbst praktizierte.

Unter Achtsamkeit versteht Fromm dabei ein umfassendes Gewahrsein des eigenen Erlebens im jeweiligen Moment: „Achtsamkeit bedeutet, dass ich in jedem Augenblick meines eigenen Körpers ganz gewahr bin, einschließlich meiner Körperhaltung und dessen, was in meinem Körper vor sich geht, und dass ich ganz gewahr bin meiner Gedanken, also dessen, was ich denke."[35]

Die grundlegende Übung, die schließlich zur Praxis der buddhistischen Achtsamkeitsmeditation hinführt, besteht für Fromm darin, sich im Sitzen des eigenen Atmens gewahr zu werden und gewahr zu bleiben. „Man setzt sich entspannt hin – weder in nachlässiger noch in steifer Haltung – und schließt die Augen, versucht nichts zu denken und nur sein Atmen zu spüren."[36]

Doch bereits diese Übung ist gerade für den Anfänger nicht so einfach, wie es scheinen mag. „Viele Gedanken werden eindringen, und besonders am Anfang wird man bemerken, dass man schon nach ein paar Sekunden aufhört, sich des Atmens gewahr zu sein, und man statt dessen anfängt, über alle möglichen unwichtigen Dinge nachzudenken."[37] So gilt es, mit der eigenen Aufmerksamkeit immer wieder neu zum Vollzug des Atmens zurückzukehren. Dabei geht es dann aber nicht darum, nun etwa über das Atmen nachzudenken. „Sobald ich nämlich anfange, *über* das Atmen nachzudenken, kann ich des Vollzugs des Atmens nicht mehr gewahr sein."[38]

[35] Fromm: Zuhören (1994), S. 210.

[36] Fromm: Vom Haben zum Sein (1989), S. 55.

[37] Fromm: Vom Haben zum Sein (1989), S. 55.

[38] Fromm: Vom Haben zum Sein (1989), S. 55.

Gerade für das direkte Gewahrsein des eigenen Erlebens, beispielsweise auch der eigenen Gefühle oder der eigenen Sinnesempfindungen, ist es deshalb entscheidend, „den Sprung vom Denken zum Empfinden zu machen"[39]. Der durchschnittliche Erwachsene unserer Zeit ist nämlich, so Fromm, von seinem eigenen Erleben entfremdet, weil er dieses stets sogleich gedanklich verarbeitet: „Sein Erleben ist gedanklicher Natur."[40]

Wenn ein Kind einen Ball wahrnimmt, der auf dem Boden rollt, dann sieht es ihn tatsächlich. Doch der durchschnittliche Erwachsene, der einen solchen Ball wahrnimmt, *glaubt nur*, dass er ihn rollen sieht. „Aber er *sieht* das Rollen nicht wirklich. Er *denkt* den rollenden Ball auf dem Boden."[41]

Durch die gedankliche Verarbeitung werden die eigenen Empfindungen, etwa Körperempfindungen oder Sinneswahrnehmungen, unwirklich gemacht. Dadurch entsteht dann, wie Fromm betont, die Entfremdung: „Damit meine ich die Tatsache, dass ich zu sehen glaube – aber *nur Worte sehe*; dass ich zu fühlen glaube, aber *die Gefühle nur denke*. Der Mensch, der alles gedanklich verarbeitet, ist der Entfremdete."[42]

Diese Entfremdung wieder rückgängig zu machen, auch darum geht es nach Fromm bei der buddhistischen Achtsamkeitspraxis. Der jeweilige Mensch findet durch die Verwirklichung von Achtsamkeit nach und nach wieder zurück zur direkten Wahrnehmung und zum unmittelbaren Erleben eines Kindes, gleichsam zu dessen Unschuld. Aber es handelt sich hierbei um „eine Rückkehr zur Unschuld auf einer höheren Ebene"[43], einer Ebene, die der Mensch nur erreichen kann, nachdem er seinen Verstand und damit seine Fähigkeit zur gedanklichen Verarbeitung bereits entwickelt hat. Der ›Sprung vom

---

[39] Fromm: Zen (1972), S. 161.
[40] Fromm: Zen (1972), S. 162.
[41] Fromm: Zen (1972), S. 163.
[42] Fromm: Zen (1972), S. 140.
[43] Fromm: Zen (1972), S. 164.

Denken zum Empfinden‹, um den es hier geht, ist dementsprechend ein Sprung *hinauf* zu einer direkten Wahrnehmung und einem unmittelbaren Erleben *jenseits* der gedanklichen Verarbeitung. Insgesamt geht es Fromm jedoch nicht nur darum, dass der einzelne Mensch seine Entfremdung vom eigenen Erleben überwindet, und es geht ihm auch nicht einfach um eine umfassende Selbstverwirklichung des jeweils einzelnen Menschen, sondern es geht ihm vor allem um den Aufbau einer neuen Gesellschaft, welche für die Selbstverwirklichung des einzelnen Menschen förderlich ist, statt sie zu verhindern. Und genau darin sieht Fromm sogar ausdrücklich die ›Krankheit‹ gerade auch der modernen Industriegesellschaft, sowohl in Nordamerika wie in Westeuropa, – dass sie nämlich die Selbstverwirklichung des einzelnen Menschen unterminiert. Stattdessen manipuliert diese Gesellschaft nahezu jeden einzelnen Menschen in eine Charakterhaltung hinein, durch die er in seinem Denken und Fühlen sowie in seinem Wollen und Handeln auf Konsumieren und Selbstvermarktung hin orientiert ist, auf ein Haben von Eigentum, welches er dann verbrauchen kann, und auf ein Haben seiner selbst, sodass er sich selbst wie eine Ware möglichst gut verkaufen kann, etwa auf dem Arbeitsmarkt oder auf dem Heiratsmarkt. „Das Leben ist dem Eigentum untergeordnet, das ›Sein‹ wird vom ›Haben‹ beherrscht."[44]

Nach Fromm ist jede Gesellschaft vor allem durch ihre Produktionsweise geprägt, also durch die Art, wie sie die lebensnotwendigen und auch alle weiteren Güter und Dienstleistungen herstellt oder verfügbar macht. Dies gilt ebenso für fast alle Menschen, die zu einer Gesellschaft gehören. Jede Gesellschaft braucht es für ihr Funktionieren, dass fast alle ihre Mitglieder in ihrem Denken und Fühlen sowie in ihrem Wollen und Handeln, also in ihrem Charakter, auf eine Art orientiert sind, die zur Funktionsweise der Gesellschaft passt. So prägt jede Gesellschaft nach Fromm nahezu alle ihre Mitglieder automatisch und unbewusst entsprechend ihrer Funktions-

---

[44] Fromm: Zen (1972), S. 103.

weise. Nahezu jeder Mensch hat demgemäß in seinem Charakter nicht nur individuelle Eigenschaften, die ihn als Persönlichkeit ausmachen, sondern sein Charakter ist immer auch geprägt durch diejenigen Orientierungen, die in seiner Gesellschaft für deren Funktionieren notwendig sind. Bei der modernen Industriegesellschaft, in der Güter und Dienstleistungen im Überfluss produziert werden und in der jeder Mensch als ersetzbar gilt, sind diese Orientierungen solche, in denen der einzelne Mensch auf Konsumieren und auf Selbstvermarktung hin ausgerichtet ist.

Grundsätzlich unterscheidet Fromm zwei geradezu gegensätzliche Existenzweisen des Menschen, und zwar diejenige im Habenmodus und diejenige im Seinsmodus. Damit einher gehen für ihn zwei entsprechende Charakterorientierungen, nämlich die Habenorientierung und die Seinsorientierung.

Bei einem Menschen im Habenmodus ist dessen gesamte Existenzweise durch Haben und Besitzen geprägt. Es geht ihm stets darum, was er hat oder auch nicht hat, und er erfährt und begreift außerdem alles, was er hat, automatisch als seinen Besitz – wobei sich das Haben hier nicht nur auf Gegenstände bezieht, sondern auch auf andere Menschen und sogar auf ihn selbst. Auch sein Körper und sein Ich, seine Wünsche und seine Überzeugungen sind für ihn Besitztümer, die er hat. Die Charakterorientierungen des Konsumierens und der Selbstvermarktung stellen für Fromm wichtige Erscheinungsformen einer solchen Habenorientierung dar. Ganz allgemein lebt ein Mensch im Habenmodus aus dem Haben heraus und auf das Haben hin.

Ein Mensch im Seinsmodus hingegen lebt aus seinem Sein heraus und auf das Sein hin. Ihm geht es darum, zu seiner eigenen seelischen Kraft zu finden und seine eigenen schöpferischen Fähigkeiten zu gebrauchen. Die Existenzweise im Seinsmodus ist somit eine der Selbstverwirklichung, in welcher der Mensch aus seinem eigenen Selbst heraus das in ihm angelegte Potenzial verwirklicht – und zwar auf eine biophile Weise, nämlich in Liebe zum Leben.

Demgegenüber beinhaltet die Existenzweise im Habenmodus sowohl eine Entfremdung vom eigenen Erleben, als auch eine solche vom eigenen Selbst. Der Mensch im Habenmodus besitzt sogar sich selbst, sein Ich, wie ein Ding – und erfährt sich infolgedessen immer nur gleichsam von außen. Er hat ein Bild von sich, das gut oder schlecht sein mag, richtig oder falsch. Doch dieses Bild umfasst lediglich die Eigenschaften, die er in den verschiedenen Situationen zeigt. So kennt der habenorientierte Mensch von sich gleichsam nur die Verpackung, während das innere Erleben seines Selbst ihm unbewusst ist.

In der modernen Industriegesellschaft ist die Habenorientierung heutzutage meistens zugleich eine Marktorientierung. Der habenorientierte Mensch unserer Zeit besitzt sein Ich oder seine Persönlichkeit nicht nur wie ein Ding, sondern er betrachtet und behandelt dieses Ding auch wie eine Ware, die er stets möglichst gut verkaufen will. So versucht er in allen Situationen, sich immer mit solchen Eigenschaften zu präsentieren, die ihm gerade als am meisten Erfolg versprechend erscheinen.

Außerdem erweist sich die Habenorientierung in der modernen Industriegesellschaft heutzutage als eine regelrechte Konsumorientierung, bei der es im Konsum nur um ein passives Haben geht sowie gleichzeitig um ein schier unersättliches Haben. Dementsprechend hat der konsumorientierte Mensch unserer Zeit einerseits die ausgeprägte Neigung, sich alles nur passiv anzueignen oder passiv in sich aufzunehmen, so beispielsweise auch Wissen oder Kunstwerke. Und andererseits hat er eine ausgeprägte Gier danach, immer mehr und immer wieder neue Gegenstände und Dienstleistungen zu konsumieren.

Um den Habenmodus zu überwinden, ist nun nach Fromm letztendlich eine neue Gesellschaft nötig, die insgesamt auf die Erfordernisse des seinsorientierten Individuums zugeschnitten ist. Eine solche Gesellschaft müsste zunächst einmal vor allem in ihrer Produktionsweise entsprechend gestaltet werden. Entscheidend ist hier „die Ausrichtung der Produktion auf einen ›gesunden und rationalen

Konsum‹"[45]. Diese Produktion sollte zudem möglichst dezentral erfolgen, also in kleinen Sektoren der jeweiligen Fabriken, in denen alle Mitarbeiter obendrein recht weitreichende Mitbestimmungsbefugnisse haben. Die Macht der multinationalen Konzerne über die Regierungen und die Bevölkerung muss gebrochen werden. Aber auch die Regierungen sollten maximal dezentralisiert werden. Möglichst viele Entscheidungsfunktionen wären hier auf relativ kleine Verwaltungsbereiche zu übertragen, in denen die jeweils betroffenen Bürger häufig und wirkungsvoll Einfluss nehmen können. Es wäre ein wirkungsvolles System zur Verbreitung von objektiven Informationen zu etablieren, sodass alle Menschen sämtliche Informationen, die sie für ihr Leben und ihre Entscheidungen brauchen, leicht erhalten können. Suggestive Werbung hingegen muss verboten werden.

Hilfreich für den Aufbau einer seinsorientierten Gesellschaft wäre nach Fromm außerdem „die Garantie eines jährlichen Mindesteinkommens"[46]. Ein solches sollte jedem erwachsenen Bürger, der dies wünscht, bedingungslos und unbürokratisch gewährt werden. Für alle diejenigen Menschen, die einer beruflichen Tätigkeit nachgehen, sollten die Arbeitsbedingungen so gestaltet werden, dass bei ihnen dafür nicht mehr das finanzielle Einkommen ausschlaggebend ist, sondern die Entfaltung der eigenen Fähigkeiten und die Freude an der jeweiligen beruflichen Tätigkeit.

Eine seinsorientierte Gesellschaft kann keine patriarchalische sein: „Die Frauen sind von der patriarchalischen Herrschaft zu befreien."[47] Außerdem ist die neue Gesellschaft nur als eine friedliebende möglich. Deshalb muss, um sie aufbauen zu können, die Kluft zwischen den reichen und den armen Nationen geschlossen werden. Weiterhin ist hierfür eine weltweite atomare Abrüstung unabdingbar.

[45] Fromm: Haben oder Sein (1976), S. 174.
[46] Fromm: Haben oder Sein (1976), S. 187.
[47] Fromm: Haben oder Sein (1976), S. 188.

Eine solche neue Gesellschaft fördert dann, wenn sie verwirklicht ist, auch einen „neuen Menschen"[48], beziehungsweise genauer gesagt, eine neue Existenzweise ihrer Mitglieder, nämlich eine im Seinsmodus. Typisch für diese Existenzweise ist ganz allgemein einerseits die Überwindung der Entfremdung vom eigenen Selbst und vom eigenen Erleben sowie andererseits die Entwicklung der spezifisch menschlichen Fähigkeiten zur Vernunft und zur Liebe.

Der seinsorientierte Mensch bezieht sein Selbstvertrauen und sein Identitätsbewusstsein aus seinem eigenen Sein heraus sowie aus einem solidarischen Verhältnis gegenüber seinen Mitmenschen. Er hat Freude am Geben und Teilen. Der Sinn des Lebens besteht für ihn in der schöpferischen Entfaltung der eigenen Persönlichkeit sowie darin, seine Mitmenschen in deren Selbstentfaltung zu unterstützen. Die zunehmend intensivere Lebendigkeit, die sich daraus ergibt, erfüllt ihn immer wieder mit Glücksgefühlen.

Zum Seinsmodus gehört auch „die Fähigkeit, wo immer man ist, voll präsent zu sein"[49]. Es ist ein Präsentsein im Hier und Jetzt des jeweiligen Augenblicks. Das Hier und Jetzt bedeutet dabei zugleich Zeitlosigkeit. Zwar steht das Sein nicht notwendigerweise außerhalb der Zeit, aber im Gegensatz zum Haben wird es auch nicht von ihr beherrscht. „Im Seinsmodus respektieren wir die Zeit, aber wir unterwerfen uns ihr nicht."[50] Wenn ein Mensch, der im Seinsmodus lebt, sich an etwas Vergangenes erinnert oder wenn er etwas Zukünftiges antizipiert, dann handelt es sich dabei um ein lebendiges Geschehen, welches jeweils im Hier und Jetzt stattfindet.

Ein mystisch-religiöser Weg wie beispielsweise derjenige des Zen hat nun eine Zielsetzung, die noch weit über eine Verwirklichung der Seinsorientierung und über die Entfaltung der eigenen Persönlichkeit hinausgeht. „Das höchste Ziel des Zen ist das Erlebnis der Erleuch-

---

[48] Fromm: Haben oder Sein (1976), S. 167.

[49] Fromm: Haben oder Sein (1976), S. 167.

[50] Fromm: Haben oder Sein (1976), S. 128.

tung, Satori genannt."[51] Hierbei handelt es sich um ein unmittelbares, unreflektiertes Erfassen der Wirklichkeit. Die Wirklichkeit, die dabei erfasst wird, ist eine all-umfassende. So bezeichnet auch Fromm das Bewusstsein, welches der Mensch im Erlebnis der Erleuchtung verwirklicht, als ein „kosmisches Bewusstsein"[52].

Hakomi-Therapie und Achtsamkeit in der Dyade

Die Hakomi-Therapie wurde von Ron Kurtz begründet. Es handelt sich hierbei um eine körperzentrierte Psychotherapie. Körperzentrierte Psychotherapien gehen ganz allgemein davon aus, dass sich seelische Konflikte immer zugleich im Körper manifestieren, etwa als muskuläre Verspannungen, und dass sie von dort her auch therapeutisch angegangen werden können. In der Hakomi-Therapie wird diese Herangehensweise verbunden mit dem Einsatz einer nach innen gerichteten Achtsamkeit. Die Grundlagen der Hakomi-Therapie hat sich Ron Kurtz während der 1970er Jahre erarbeitet.

Eine auf die innere Erfahrung des Klienten ausgerichtet Achtsamkeit gehört seit Anfang an zu den fünf Hauptprinzipien der Hakomi-Therapie. Die anderen Prinzipien sind diejenigen der Einheit, der Gewaltlosigkeit, der Organizität und des Geist/Körper-Holismus.

Das Prinzip der Einheit besagt, dass das Universum insgesamt ein Ganzes ist – ein Muster aus Beziehungen, in dem alle Komponenten und deren Eigenschaften untrennbar miteinander verbunden sind und in dem keine einzige Komponente oder Eigenschaft isoliert existiert. Für die Hakomi-Therapie bedeutet dieses Prinzip, dass

---

[51] Fromm: Zen (1972), S. 147.

[52] Fromm: Zen (1972), S. 171.

auch jeder Mensch ein Ganzes ist, als Körper und Geist und mit seinem Umfeld. Dementsprechend geht es hier bei der Behandlung des Klienten vor allem darum, dessen Integration als ein Ganzes zu fördern.

Gemäß dem Prinzip der Achtsamkeit wird in der Hakomi-Therapie hauptsächlich eben jener Bewusstseinszustand verwendet, um damit im Klienten denjenigen Prozess zu unterstützen, der ihm schließlich eine bessere Integration ermöglicht. So leitet der Therapeut den Klienten während jeder Behandlungssitzung aus seinem Alltagsbewusstsein heraus in den Zustand einer der eigenen Innenwelt zugewandten Achtsamkeit. Gemäß Ron Kurtz ist dies „der klarste, ruhigste, fruchtbarste und einsichtsvollste Zustand, in dem wir uns selbst beobachten können"[53]. Gekennzeichnet ist die Achtsamkeit dabei vor allem dadurch, dass die Aufmerksamkeit hier auf die gegenwärtige Erfahrung gerichtet ist und dass die gegenwärtige Erfahrung dabei einfach nur beobachtet wird, ohne in sie einzugreifen.

Das Prinzip der Gewaltlosigkeit ergänzt die Achtsamkeit. Es besteht darin, dass der Therapeut einfach dem Prozess folgt, wie er sich im Klienten natürlicherweise entfaltet, ohne ihn zu bewerten, und dass er jenen Prozess sanft unterstützt, ohne ihn umzuleiten oder gar zu bekämpfen. Der Therapeut geht während der Behandlung stets langsam und behutsam vor.

Er vertraut dabei auf das Prinzip der Organizität. Dieses besagt, dass jeder Mensch als lebendiger Organismus in sich den Drang und die Fähigkeit hat, sich selbst zu regulieren und zu integrieren, zu heilen und weiter zu entwickeln. Der Prozess, der sich im Klienten während der Behandlung natürlicherweise entfaltet, resultiert aus diesem inneren Drang und der Therapeut unterstützt einfach jenen Prozess.

Das Prinzip des Geist/Körper-Holismus besagt, dass Geist und Körper sich gegenseitig beeinflussen. In der Hakomi-Therapie wird

---

[53] Kurtz: Körperzentrierte Psychotherapie (1985), S. 42.

dabei sozusagen an der ›Schnittstelle‹ von Geist und Körper gearbeitet: Schmerzliche Erfahrungen in der Kindheit haben damals beim Klienten zu generalisierten Überzeugungen geführt, die nun die unbewusste Kernstruktur seines Charakters ausmachen und die ihn dort zugleich auch begrenzen. Außerdem haben sich jene Kernüberzeugungen damals ebenso in der Struktur seines Körpers niedergeschlagen. Diese Körperstruktur wiederum kann nun während der Sitzungen nach und nach innerlich erspürt werden durch entsprechende Körperempfindungen. Indem der Klient mit nach innen gerichteter Achtsamkeit solche Körperempfindungen wahrnimmt, die aus seiner Körperstruktur resultieren, werden ihm dadurch nach und nach auch jene Kernüberzeugungen erlebbar, die sich damals in seiner Körperstruktur niedergeschlagen haben. So kann er diese Überzeugungen schließlich verändern und durch weniger begrenzende Überzeugungen ersetzen. Der Therapeut begleitet und unterstützt ihn bei diesem Prozess.

Manche Menschen beispielsweise sind während ihrer Kindheit aufgrund von traumatischen Erfahrungen zu der unbewussten Überzeugung gelangt, dass sie nie genug bekommen werden, oder zu derjenigen, dass sie immer noch mehr leisten müssen. Andere sind aufgrund von traumatischen Kindheitserfahrungen unbewusst zu der Überzeugung gelangt, dass es für sie gefährlich ist, wenn sie Nähe zu ihren Mitmenschen zulassen, oder zu derjenigen, dass sie sich theatralisch verhalten müssen, wenn sie Aufmerksamkeit von ihren Mitmenschen bekommen wollen. Solche Überzeugungen haben dann jeweils zu einem Charakter geführt, der etwa durch Hilflosigkeit geprägt ist oder durch Ehrgeiz, durch eine starke Tendenz, die Mitmenschen zu kontrollieren, oder durch eine ausgeprägte Neigung, gewöhnliche Situationen zu dramatisieren. In der Körperstruktur haben sich solche Kernüberzeugungen etwa dergestalt niedergeschlagen, dass die Muskulatur der jeweiligen Menschen chronisch schlaff ist oder aber stets angespannt, oder dass die betroffenen Menschen eine aufgeblasene Brust haben und ein dünnes Becken oder umgekehrt eine schmale Brust und ein ausladendes Becken.

Das Angebot der Hakomi-Therapie besteht hier darin, dem jeweiligen Klienten dabei zu helfen, seine Kernüberzeugungen zu erforschen, und ihm Möglichkeiten zu eröffnen, wie er die Begrenzungen überwinden kann, die seine Kernüberzeugungen ihm unbewusst auferlegen. Solche Begrenzungen können etwa darin bestehen, dass er nicht für sich selbst sorgen oder sich nicht entspannen kann oder dass er unfähig ist zu zwischenmenschlicher Vertrautheit oder zu ernsthafter Sachlichkeit.

Während der Kindheit dienen die Kernüberzeugungen mit ihren Begrenzungen dem eigenen Schutz. Jeder Mensch bildet hier aufgrund von traumatischen Erfahrungen genau solche Überzeugungen aus, die ihm dabei helfen sollen, mit entsprechenden Erfahrungen zukünftig besser zurecht zu kommen oder sie sogar zu vermeiden. Diese Kernüberzeugungen bleiben dann ungeprüft in der Struktur seines Charakters immer weiter bestehen und prägen auch noch während seines Erwachsenenlebens unbewusst sein gesamtes Erleben und Verhalten.

In der Hakomi-Therapie kann der Klient seine eigenen Kernüberzeugungen selbst aufdecken und überprüfen sowie dann gegebenenfalls auch selbst verändern. Hierfür wird er von dem Therapeuten in den Zustand einer nach innen gerichteten Achtsamkeit geleitet. Dieser Bewusstseinszustand eignet sich besonders gut, um zu den eigenen Kernüberzeugungen vorzudringen, sie zu erleben und an ihnen zu arbeiten. Je mehr der Klient dabei die Begrenzungen seiner Kernüberzeugungen hinter sich lässt, desto besser kann er sich über diese hinaus entfalten. Der Therapeut begleitet und unterstützt den Klienten in diesem Prozess der Selbsterforschung und Selbstentfaltung.

Der Klient äußert dem Therapeuten gegenüber immer wieder sein Erleben in Worten. Der Therapeut achtet darüber hinaus zugleich ständig auf alle Veränderungen in der Mimik sowie in der Gestik und im Tonfall des Klienten. Er liest gleichsam die Spuren, die der Prozess des Klienten fortlaufend in jenen Veränderungen hinterlässt. Durch kurze und behutsame Aussagen zum mutmaßlichen Erleben des Klienten, die der Therapeut immer wieder von sich gibt, bleibt er für den Klienten fühlbar in Kontakt mit ihm.

Genau genommen verwirklicht der Therapeut hier in der Hakomi-Therapie mit dem Klienten eine dyadische Achtsamkeit, eine gemeinsame Achtsamkeit in der Dyade, also in der Zweierbeziehung, die zwischen ihnen beiden während der Behandlung besteht. Der Klient beobachtet und erforscht seine Innenwelt mit Achtsamkeit, während er zugleich in einem verbalen Austausch mit dem Therapeuten steht. Der Therapeut befindet sich derweil ebenfalls in einem achtsamen Zustand und begleitet den Klienten von diesem Zustand her: „Spurenlesen ist die Achtsamkeit des Therapeuten."[54] So sind hier beide, Klient und Therapeut, in Achtsamkeit gemeinsam mit dem inneren Prozess des Klienten befasst.

Der psychotherapeutische Prozess, durch den der Klient seine Kernüberzeugungen erkennen und verändern kann, lässt sich in fünf Phasen unterteilen. Hierbei handelt es sich um die Phasen des Kontaktmachens, des Zugangschaffens, des Durcharbeitens, der Transformation und der Integration. Manchmal durchläuft der Klient diese fünf Phasen alle nacheinander in einer Sitzung, oft braucht er aber auch mehrere Sitzungen, bis ihm schließlich die Veränderung einer alten Kernüberzeugung und die Integration der daraus sich ergebenen neuen Überzeugung gelingt. Die therapeutische Behandlung insgesamt umfasst normalerweise mehrere Gänge durch die einzelnen Phasen und damit auch die Bearbeitung von mehreren unterschiedlichen Kernüberzeugungen, die alle gleichermaßen dem Charakter des Klienten zugrunde liegen.

Die Phase des Kontaktmachens steht am Anfang einer jeden Sitzung. Sie besteht einerseits darin, dass der Therapeut mit dem Klienten in Kontakt tritt, und andererseits darin, dass er dem Klienten hilft, mit seinem eigenen inneren Erleben in Kontakt zu treten. So bemüht sich der Therapeut hier vor allem darum, das innere Erleben des Klienten seinerseits zu verstehen, und er demonstriert dem Kli-

---

[54] Kurtz: Körperzentrierte Psychotherapie (1985), S. 185.

enten dies, in dem er jeweils einfache und behutsame Aussagen zum Erleben des Klienten macht. Solche Aussagen werden in der Hakomi-Therapie auch als Kontaktaussagen bezeichnet.

Die zweite Phase des psychotherapeutischen Prozesses ist diejenige des Zugangschaffens. In dieser Phase geht es darum, dass der Klient von seinem Alltagsbewusstsein in den Zustand der inneren Achtsamkeit gelangt und von dort her einen vertieften Zugang zu seinem inneren Erleben findet. Der Therapeut hilft ihm dabei, indem er ihm Fragen zu seinem gegenwärtigen inneren Erleben stellt, etwa zu Empfindungen in seinem Körper, die für ihn jetzt spürbar sind. Die Antworten des Klienten bestätigt der Therapeut seinerseits wiederum mit einfachen Kontaktaussagen zum Erleben des Klienten. Der Klient schließt in der zweiten Phase normalerweise die Augen, um sich leichter seiner Innenwelt zuwenden zu können.

Als dritte Phase folgt diejenige des Durcharbeitens. Sie beinhaltet zugleich noch einmal ein weiteres Vertiefen. Der Klient gelangt nun immer tiefer in seine Innenwelt. Durch die mit Achtsamkeit gespürten Körperempfindungen hindurch wird ihm jetzt vormals unbewusstes Material, bestehend aus Emotionen und Erinnerungen, in seinem bewussten Erleben zugänglich. Dieses Material gilt es nun durchzuarbeiten, sodass der Klient schließlich dessen Bedeutung erkennen kann – und damit die jeweilige Kernüberzeugung, die dahinter steckt. Der Therapeut hilft ihm weiterhin mit behutsamen Kontaktaussagen zu seinem Erleben sowie auch durch achtsames Spurenlesen und außerdem jetzt noch mit speziellen Interventionsmethoden der Hakomi-Therapie.

In der Phase des Durcharbeitens, sowie bereits in der vorherigen und noch in der nachfolgenden, verwirklicht der Therapeut mit dem Klienten jene dyadische Achtsamkeit, bei der beide, Klient und Therapeut, in Achtsamkeit gemeinsam mit dem inneren Prozess des Klienten befasst sind. Allerdings kann der Klient gerade in der Phase des Durcharbeitens aus dem Zustand der inneren Achtsamkeit heraus auch leicht vorübergehend wiederum in einen anderen Bewusstseinszustand geraten, nämlich entweder in denjenigen des Kindbewusstseins oder in denjenigen der Stromschnellen.

Das Kindbewusstsein ist dadurch charakterisiert, dass der Klient hier in ein kindliches Erleben gerät und gegenwärtig sowie unmittelbar eine schmerzliche oder zumindest verwirrende Erfahrung aus seiner Kindheit wiedererlebt. Die Stromschnellen bestehen darin, dass der Klient von starken Emotionen überwältigt wird. Indem der Therapeut den Klienten angemessen durch solche Bewusstseinszustände führt und begleitet, hilft er ihm dabei, durch sie hindurch näher an seine Kernüberzeugungen zu gelangen und jene schließlich zu erkennen.

Nach dem Durcharbeiten folgt als vierte Phase diejenige der Transformation. Diese Phase findet beim Klienten wiederum vor allem im Zustand der inneren Achtsamkeit statt und vonseiten des Therapeuten weiterhin in demjenigen einer begleitenden Achtsamkeit. Der Therapeut hilft dem Klienten nun dabei, diejenige Kernüberzeugung, zu der er hingefunden hat, jetzt mitsamt ihren Begrenzungen direkt zu erleben – und er hilft ihm jetzt dabei, neue, ähnliche, aber weniger begrenzende Überzeugungen zunächst einmal in seinem inneren Erleben auszuprobieren. Wenn der Klient sich dann in freier Wahl für eine solche neue Überzeugung entscheidet, leitet er damit eine Transformation seines Charakters ein.

Die fünfte und letzte Phase des psychotherapeutischen Prozesses ist diejenige der Integration. Sie besteht darin, die neue Überzeugung im Alltagsleben des Klienten zu etablieren und damit die zuvor eingeleitete Transformation abzuschließen. Die Phase der Integration findet dementsprechend im Alltagsbewusstsein statt. Der Therapeut hilft dem Klienten bei der Integration, indem er mit ihm bespricht, welche Veränderungen sich aus der neuen Überzeugung für ihn ergeben werden, und indem er ihm, sozusagen als Hausaufgabe, vorschlägt, die neue Überzeugung in seinem Alltag zunächst einmal in solchen Situationen zu leben, in denen sie leicht umgesetzt werden kann.

Psychosynthese und die spirituelle Dimension

Die Psychosynthese wurde von Roberto Assagioli bereits seit den 1920er Jahren in Italien entwickelt. Es ist die erste Methode der Psychotherapie, die ausdrücklich die spirituelle Dimension der menschlichen Existenz in ihre Theorie und Praxis mit einbezieht. In seinem Modell, das er von der menschlichen Persönlichkeit ausgearbeitet hat, stellt Assagioli dem Unterbewussten, wie es aus der Psychoanalyse bekannt ist, ein Überbewusstes gegenüber. Außerdem platziert er an der Spitze dieses Überbewussten auch noch ein transpersonales Selbst als spirituelles Zentrum eines reinen transzendenten Bewusstseins.

Insgesamt beinhaltet das Persönlichkeitsmodell von Assagioli ein tieferes, ein mittleres, ein höheres und ein kollektives Unbewusstes, sodann ein Bewusstseinsfeld und außerdem sowohl ein personales wie auch ein transpersonales Selbst. Das tiefere Unbewusste ist das Unterbewusste, das mittlere das Vorbewusste und das höhere das Überbewusste. Die Abbildung 3 auf der gegenüberliegenden Seite veranschaulicht dieses Persönlichkeitsmodell grafisch.[55]

Durch das kollektive Unbewusste ist das Seelenleben eines jeden Menschen mit demjenigen der gesamten Menschheit und mit dem Universum verbunden. Inhalt dieses Unbewussten sind die Archetypen. Hierbei handelt es sich sowohl um angeborene allgemeinmenschliche wie auch um transzendente nichtkausale Wirkfaktoren, die sich jeweils durch entsprechende Urbilder veranschaulichen lassen. Sie können sich in den Träumen eines Menschen zeigen oder sogar seine Selbstverwirklichung vorantreiben – und manchmal konstellieren sie in seinem Leben auch äußere Schicksalsereignisse.

---

[55] Vergleiche hierzu Assagioli: Handbuch (1978), S. 55.

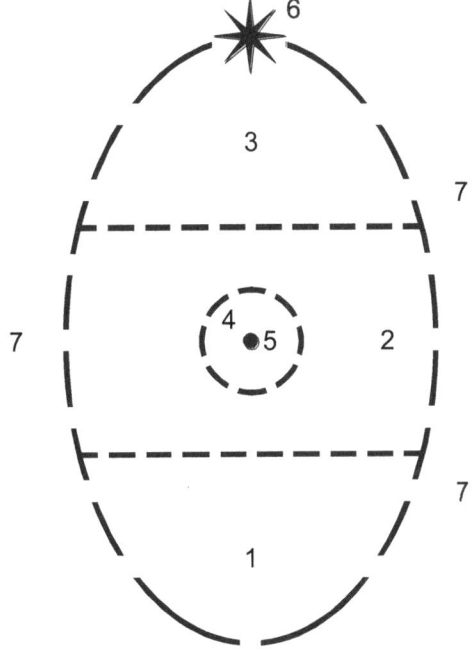

1) das tiefere Unbewusste
2) das mittlere Unbewusste
3) das höhere Unbewusste
4) das Bewusstseinsfeld
5) das personale Selbst
6) das transpersonale Selbst
7) das kollektive Unbewusste

Abbildung 3: Das Persönlichkeitsmodell von Assagioli

Das tiefere Unbewusste oder Unterbewusste enthält die biologischen Triebbedürfnisse des Menschen sowie verdrängte Komplexe, die aus intensiven Emotionen, primitiven Fantasien und traumatischen Erinnerungen zusammengesetzt sind. Das höhere Unbewusste oder Überbewusste ist demgegenüber die Quelle von göttlichen Eingebungen und mystischer Ekstase sowie von altruistischer Liebe und heroischem Mut. Dazwischen befindet sich das mittlere Unbewusste oder Vorbewusste. Es umfasst bei jedem Menschen alle Inhalte seines Seelenlebens, die ihm momentan gerade nicht bewusst sind, die aber leicht in sein Bewusstsein gelangen können. Dazu gehören beispielsweise unzählige Erinnerungen und viel gelerntes Wissen.

Vor allem aber enthält das mittlere Unbewusste oder Vorbewusste mehrere sogenannte Subpersönlichkeiten oder Teilpersönlichkeiten. Nach Assagioli gibt es nämlich innerhalb der Persönlichkeit keineswegs eine große einheitliche Instanz, mit der sich der Mensch durchgängig identifiziert und die er als sein Ich erlebt, sondern es gibt dort stattdessen mehrere kleinere solcher Instanzen, mit denen er sich abwechselnd identifiziert und die er abwechselnd als sein Ich erlebt – je nachdem welche von diesen Instanzen gerade aktiviert ist. Hierbei handelt es sich um die Subpersönlichkeiten.

Abhängig etwa von der Rolle, in der ein Mensch sich gerade befindet, zeigt er zumeist andere Eigenschaften und Verhaltensweisen – in der Rolle des Vorgesetzten andere als in derjenigen des Ehepartners und in der Rolle des Vereinsmitgliedes andere als in der Rolle als Vater oder Mutter. In jeder dieser Rollen ist bei ihm, so Assagioli, jeweils eine andere Teilpersönlichkeit von ihm aktiviert, welche die jeweiligen Eigenschaften und Verhaltensweisen verkörpert. Der Wechsel von einer solchen Subpersönlichkeit zu einer anderen geschieht dabei für gewöhnlich automatisch und unbemerkt.

Nur diejenige Subpersönlichkeit, die gerade aktiv ist, befindet sich im Bewusstseinsfeld des betreffenden Menschen und dominiert dieses dann für gewöhnlich auch. Das Bewusstseinsfeld ist jener Bereich unserer Persönlichkeit, dessen wir uns jeweils bewusst sind. So besteht es immer aus dem aktuell in unserem Bewusstsein vorhandenen und gleichsam durch es hindurchfließenden Strom an ständig wechselnden Empfindungen, Gefühlen, Bildern, Gedanken, Erinnerungen, Bedürfnissen, Wünschen und Impulsen. Hauptsächlich handelt es sich dabei stets um diejenigen Emotionen, Gedanken, Fantasien und Bedürfnisse, die zu derjenigen Subpersönlichkeit gehören, die gerade in unserem Bewusstseinsfeld vorherrscht.

Von dem Bewusstseinsfeld unterscheidet Assagioli nun noch das personale Selbst. Hierbei handelt es sich um einen Punkt reiner Selbstbewusstheit. Dieser ist gemäß Assagioli sozusagen das eigentliche ›Ich‹ des Menschen. Als bewusstes Selbst oder eigentliches ›Ich‹ befindet sich jener Punkt gleichsam in der Mitte des Bewusstseinsfeldes und damit zugleich in der Mitte der bewussten Persönlichkeit. „Die wechselnden Inhalte unseres Bewusstseins (Empfindungen, Gedanken, Gefühle usw.) sind eines, das ›Ich‹, das Selbst, das *Zentrum* unseres Bewusstseins, ist ein anderes."[56] Auch von den Subpersönlichkeiten ist jenes ›Ich‹ verschieden.

Das personale oder bewusste Selbst des Menschen ist sozusagen sein eigenes Bewusstsein selbst und damit das reine Selbstbewusstsein an sich inmitten der ständig wechselnden Bewusstseinsinhalte und Subpersönlichkeiten. Allerdings wird dieses bewusste Selbst oder eigentliche ›Ich‹ von fast allen Menschen kaum jemals unmittelbar erfahren. Die im Bewusstseinsfeld jeweils vorhandenen Gedanken, Bedürfnisse, Gefühle, Empfindungen, Fantasien und Erinnerungen dominieren jenes für gewöhnlich zu stark. „Deren beständiger Einfluss verschleiert die Klarheit des Bewusstseins und erzeugt falsche Identifikationen des Selbst mit diesen veränderlichen und vergänglichen Inhalten."[57]

Das ›Ich‹, welches das eigene reine Selbstbewusstsein verkörpert, ist zwar in jedem Menschen vorhanden, doch seine Entdeckung erfordert trotzdem für gewöhnlich ein aktives und gezieltes Vorgehen, weil dieses ›Ich‹ im allgemeinen mit den Inhalten des Bewusstseins vermischt und dadurch in den Strom dieser Inhalte eingetaucht

---

[56] Assagioli: Handbuch (1978), S. 57.
[57] Assagioli: Schulung (1982), S. 20.

ist. „Wenn wir deshalb das Selbstbewusstsein deutlich, klar und lebendig machen wollen, müssen wir uns von diesen Inhalten disidentifizieren und uns *mit dem Selbst identifizieren.*"[58]

Das aktive und gezielte Vorgehen, welches hier erforderlich ist, besteht also aus einer umfassenden Disidentifikation von allen Bewusstseinsinhalten. „Diese gipfelt in der existenziellen Erfahrung des reinen Selbstbewusstseins, im direkten Gewahrsein des Selbst, in der Entdeckung des ›Ich‹."[59]

Jenseits des bewussten oder personalen Selbst befindet sich nun nach Assagioli noch das spirituelle Selbst. „Das bewusste Selbst ist nicht nur im allgemeinen in den ständigen Strom seelischer Inhalte eingetaucht, es scheint sogar völlig zu verschwinden, wenn wir einschlafen."[60] Wir verlieren unser Bewusstsein jeweils vorübergehend, wenn wir ohnmächtig werden, doch nach Assagioli existiert in jedem Menschen noch ein anderes Selbst, das unabhängig ist von solchen körperlichen Zuständen wie Wachsein und Schlaf oder Gesundheit und Krankheit sowie letztendlich auch von Leben und Tod. Dieses spirituelle Selbst ist das eigentliche wahre Selbst des Menschen. Es wird von Assagioli auch als transpersonales Selbst bezeichnet.

Ebenso wie das bewusste Selbst ist auch das transpersonale Selbst ein Punkt reiner Selbstbewusstheit. Genau genommen ist das transpersonale Selbst sogar der eigentliche Punkt reiner Selbstbewusstheit in jedem Menschen. „Dieses Selbst steht über dem Bewusstseinsstrom oder den körperlichen Zuständen und wird davon nicht berührt. Das persönliche, bewusste Selbst sollte einfach als seine Widerspiegelung angesehen werden, als dessen ›Projektion‹ in den Bereich der Persönlichkeit."[61]

Das bewusste Selbst ist das eigentliche ›Ich‹ des Menschen. Es bildet die Mitte des Bewusstseinsfeldes und damit zugleich das Zent-

[58] Assagioli: Schulung (1982), S. 20.

[59] Assagioli: Schulung (1982), S. 20.

[60] Assagioli: Handbuch (1978), S. 57.

[61] Assagioli: Handbuch (1978), S. 58.

rum der bewussten Persönlichkeit. Dementsprechend wird es von Assagioli auch als personales Selbst bezeichnet. Doch das eigentliche *Selbst* des Menschen ist sozusagen ein spirituelles Ich. Hierbei handelt es sich um das transpersonale Selbst. Dieses befindet sich jenseits des Bewusstseinsfeldes und jenseits der bewussten Persönlichkeit.

In seinem Erleben und Verhalten wechselt jeder Mensch, ohne es zu merken, immer wieder von einer Subpersönlichkeit zu einer anderen. Hier sorgt vor allem das personale Selbst für ein zumindest unterschwelliges Erleben von Kontinuität. Obwohl es für gewöhnlich in den Strom der Bewusstseinsinhalte eingetaucht ist, vermittelt es doch von dorther jedem Menschen wenigstens ein undeutliches, verborgenes Gefühl einer hinter den wechselnden Bewusstseinsinhalten und Subpersönlichkeiten liegenden Kontinuität. „Das wesentliche Merkmal des Selbstbewusstseins ist daher die Kontinuität, die Dauerhaftigkeit. Die des bewussten Ichs ist jedoch nur eine blasse Reflexion der ewigen, unsterblichen Essenz des spirituellen Ichs, des Selbst."[62]

Das für gewöhnlich nur unterschwellige Erleben von Kontinuität kann nun durchaus auch gestärkt werden, und zwar durch eine umfassende Disidentifikation von allen Bewusstseinsinhalten. Eine solche Disidentifikation von allen Bewusstseinsinhalten ist zugleich auch eine Disidentifikation von den eigenen Subpersönlichkeiten – und hier insbesondere von der gerade im Bewusstseinsfeld vorhandenen Subpersönlichkeit.

Durch die Disidentifikation gelangt der jeweilige Mensch innerlich in sein personales Selbst – und dieses hat nun nach Assagioli nicht nur den Aspekt des Selbstbewusstseins, sondern zugleich auch denjenigen des Willens. „Das Gewahrsein des Selbst hat zwei Merkmale: ein *introspektives* und ein *dynamisches*."[63] So lässt sich

---

[62] Assagioli: Entwicklung (1992), S. 33.
[63] Assagioli: Schulung (1982), S. 20.

dieses Gewahrsein etwa folgendermaßen formulieren: „Ich bin mir bewusst, zu sein und zu wollen."[64]

Aufgrund dieser beiden Merkmale kann das personale Selbst sowohl zum inneren Beobachter der eigenen Bewusstseinsinhalte werden, wie auch zum inneren Dirigenten der eigenen Subpersönlichkeiten. Wann immer wir uns in der Mitte unserer bewussten Persönlichkeit befinden, können wir von dort her uns unserer Bewusstseinsinhalte gewahr werden und von dort her auch den Einsatz unserer Subpersönlichkeiten aktiv steuern.

Die Praxis der Psychosynthese besteht nun hauptsächlich aus einer Vielzahl von Übungen und Techniken, die auf die verschiedenen Bereiche der menschlichen Persönlichkeit hin ausgerichtet sind. So gibt es hier etwa Vorgehensweisen zur Erforschung des Unterbewussten, Übungen zur Entwicklung des Willens, Techniken für die Schulung der Imagination und Methoden, mit denen eine Öffnung zum Überbewussten hin angebahnt werden kann.

Eine der wichtigsten Techniken der Psychosynthese ist die Übung zur Disidentifikation. Mithilfe dieser Übung kann sich ein Mensch jeweils vorübergehend aus seinen Identifikationen mit seinen Bewusstseinsinhalten und seinen Subpersönlichkeiten herauslösen und dadurch in sein personales Selbst gelangen. Außerdem kann durch diese Übung auch ein Hinfinden oder Zurückfinden zum eigenen transpersonalen Selbst gedanklich vorgebahnt werden.

Durchgeführt wird die Übung zur Disidentifikation in der Weise, dass sich der Praktizierende nacheinander in Gedanken von seinem Körper, seinen Gefühlen, seinen Bedürfnissen und seinem Verstand disidentifiziert. So macht er sich durch eine Folge von vorformulierten Sätzen klar, dass er zwar einen Körper hat sowie auch Gefühle, Bedürfnisse und einen Verstand, dass er aber letztendlich nichts davon ist.

Was aber bleibt, wenn wir uns von alledem desidentifiziert haben? Was ist das Wesen meiner selbst? Es ist „ein Zentrum reiner

---

[64] Assagioli: Schulung (1982), S. 20.

Selbst-Bewusstheit und Selbst-Verwirklichung"[65]. So vergegenwärtigt sich der Praktizierende zum Abschluss der Desidentifikationsübung: „Ich bin ein Zentrum von Bewusstheit und Kraft."[66]

Das spirituelle Selbst in der Transaktionsanalyse

Die Transaktionsanalyse wurde von Eric Berne während der 1950er Jahre in den USA als Psychotherapiemethode begründet. Die Besonderheit dieser Methode besteht darin, dass hier ausdrücklich und ausführlich auch die zwischenmenschlichen Transaktionen des Klienten analysiert werden, also die Abläufe seiner Kommunikation mit seinen Mitmenschen. Unter den Nachfolgern von Eric Berne war es vor allem Muriel James, die in den 1970er Jahren die Ausrichtung der Transaktionsanalyse zur Selbstverwirklichung hin betont hat und die darüber hinaus sogar eine Öffnung dieser Methode zur Spiritualität hin initiiert hat.

Gemäß Eric Berne lässt sich die Persönlichkeit des Menschen, und zwar hauptsächlich seine bewusste Persönlichkeit, in verschiedene Komponenten unterteilen, die deutlich von einander unterscheidbar sind. Diese Komponenten hat er als Ich-Zustände bezeichnet. „Bei ihnen handelt es sich um kohärente Gedanken- und Gefühlssysteme, die durch entsprechende Verhaltensmuster zum Ausdruck gebracht werden. Jeder Mensch besitzt drei verschiedene Ich-Zustände."[67] So beinhaltet die Persönlichkeit eines jeden Menschen sowohl ein Eltern-Ich wie auch ein Kind-Ich und ein Erwach-

---

[65] Assagioli: Handbuch (1978), S. 165.
[66] Assagioli: Handbuch (1978), S. 165.
[67] Berne: Was sagen Sie (1975), S. 24.

senen-Ich. Normalerweise ist bei jedem Menschen zu jedem Zeit-
punkt seines Wachseins immer nur einer dieser drei Ich-Zustände
aktiviert. Der jeweilige Mensch erlebt sich dann jeweils in diesem
aktivierten Ich-Zustand und verhält sich auch aus ihm heraus. Der
Wechsel von einem Ich-Zustand in einen anderen geschieht zumeist
unbeabsichtigt und auch unbemerkt einfach entsprechend der äußeren Situation oder auch verursacht durch eigene Bedürfnisse. Die
Abbildung 4 zeigt das Modell der Persönlichkeit von Berne, bestehend aus den drei Ich-Zuständen.

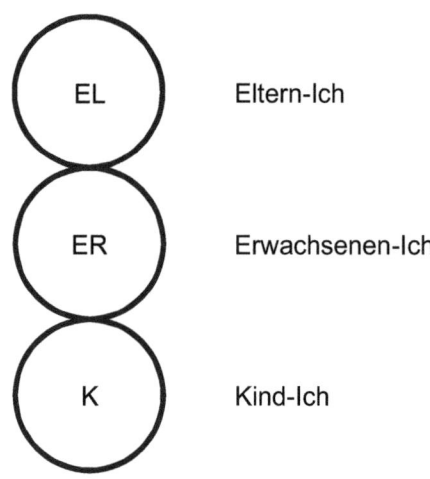

Abbildung 4: Die drei Ich-Zustände

Das Kind-Ich beinhaltet Gedanken, Gefühle und Verhaltensmuster, die der jeweilige Mensch in seinen ersten Lebensjahren ausge-
bildet hat. Wenn bei einem erwachsenen Menschen dieser Ich-
Zustand aktiviert ist beziehungsweise er selbst sich gerade in ihm
befindet, dann mag er einfach kindlich-natürlich sein, also etwa ver-

gnügt und ausgelassen, spielfreudig oder neugierig, er kann dann aber auch übertrieben angepasst sein oder unangemessen rebellisch.

Das Eltern-Ich hingegen umfasst alle Gedanken, Gefühle und Verhaltensmuster, die der jeweilige Mensch in den ersten Lebensjahren von seinen Eltern übernommen hat. Wenn ein erwachsener Mensch sich in diesem Ich-Zustand befindet, dann ist er beispielsweise auf die gleiche Art nährend und fürsorglich oder kaltherzig und abweisend, wie es damals seine Mutter war, oder er gibt Orientierung und Halt, wie es sein Vater getan hat, oder er erteilt Zurechtweisungen und teilt Schläge aus, wie jener damals.

Das Erwachsenen-Ich schließlich beinhaltet die Fähigkeiten zum logischen und zum eigenständigen Denken. Dementsprechend ist jeder Mensch in seinem Erwachsenen-Ich viel vernünftiger als in seinem Kind-Ich und viel autonomer als in seinem Eltern-Ich. Wenn ein Mensch sich in seinem Erwachsenen-Ich befindet, dann ist er darauf ausgerichtet, die jeweils gegenwärtige Situation möglichst sachlich zu erfassen und in ihr möglichst verantwortlich zu handeln.

Die Gedanken, Gefühle und Verhaltensmuster des Kind-Ichs und des Eltern-Ichs stammen bei jedem erwachsenen Menschen aus seinen ersten Lebensjahren. So sind in den meisten gegenwärtigen Situationen die Gedanken, Gefühle und Verhaltensmuster des eigenen Erwachsenen-Ichs deutlicher angemessener als solche aus einem der beiden anderen Ich-Zustände. Gerade wenn Kommunikation stattfindet, ist jedoch bei fast allen Menschen sehr viel häufiger ihr Eltern-Ich oder ihr Kind-Ich aktiviert, als ihr Erwachsenen-Ich. Dementsprechend agieren oder reagieren sie dort dann auch viel zu oft gleichsam automatisch auf eine ungünstige Weise aus einem jener beiden Ich-Zustände heraus.

Eine Transaktion ist nun die Grundeinheit der Kommunikation. Sie besteht darin, dass eine Person aus einem ihrer Ich-Zustände gegenüber einer anderen Person eine Äußerung tätigt und die andere Person darauf aus einem ihrer Ich-Zustände mit einer eigenen Äußerung reagiert. Bei den Äußerungen kann es sich hier auch um eine Frage und eine Antwort handeln oder um nonverbale Äußerungen wie etwa ein Lächeln oder ein Kopfschütteln. Deshalb wird die Äußerung der ersten Person ganz allgemein als Stimulus bezeichnet und die der zweiten Person als Reaktion. Der Stimulus der ersten Person ist von dieser stets an einen bestimmten Ich-Zustand der zweiten Person gerichtet, doch die zweite Person kann darauf auch aus einem anderen Ich-Zustand reagieren. Die Abbildung 5 zeigt zwei Beispiele für solche Transaktionen.

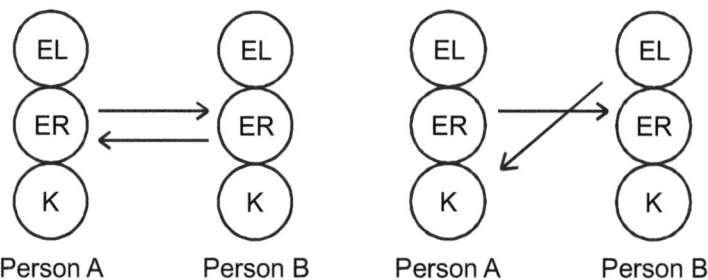

Abbildung 5: Zwei Beispiele für Transaktionen

In der links abgebildeten Transaktion mag die erste Person, hier Person A genannt, aus ihrem Erwachsenen-Ich heraus eine sachliche Frage stellen und erhält dann darauf von der zweiten Person, also von Person B, aus deren Erwachsenen-Ich eine sachliche Antwort. In der rechts abgebildeten Transaktion hingegen reagiert Person B auf die sachliche Frage von Person A nicht mit einer sachlichen Antwort, sondern stattdessen aus ihrem Eltern-Ich heraus etwa mit einer ärgerlichen Zurechtweisung, die sie an das Kind-Ich von Person A richtet.

Interessant sind insbesondere für die psychotherapeutische Behandlung nun vor allem jene Transaktionen, in denen neben den offensichtlichen, verbal übermittelten Botschaften zugleich noch verdeckt und damit nonverbal ganz andere Botschaften ausgetauscht werden. Diese gehen stets vom Kind-Ich oder vom Eltern-Ich des jeweiligen Menschen aus, und zwar ohne dass er selbst etwas davon bemerkt. Über solche verdeckten Transaktionen verstricken sich viele Menschen mit ihren Mitmenschen in manipulative Spiele. Gerade jene Menschen, die unter einer Neurose leiden, bringen durch solche manipulativen Spiele ihre Mitmenschen unbewusst oft sogar dazu, sie in ihrer eigenen Neurose zu bestärken, also beispielsweise in ihrer Depression oder in ihren Ängsten. Deshalb kann insbesondere die Analyse von verdeckten Transaktionen in einer Psychotherapie dabei helfen, die jeweils betroffenen Menschen aus ihren zwischenmenschlichen Verstrickungen zu befreien und ihre Neurosen zu heilen.

Darüber hinaus kann die Transaktionsanalyse als Methode aber auch hilfreich sein, um die seelische Gesundheit von Menschen zu festigen und sie in ihrer Selbstverwirklichung zu fördern. Eine wichtige Möglichkeit besteht hier darin, das Erwachsenen-Ich immer mehr zur Exekutive der eigenen Persönlichkeit zu machen. Diese Möglichkeit wurde innerhalb der Transaktionsanalyse vor allem von Muriel James gemeinsam mit Dorothy Jongeward propagiert. Beide sind davon überzeugt, dass sie für alle Menschen zur Realität werden kann: „Jeder Mensch hat das Potenzial, sein Erwachsenen-Ich als ausführendes Kontrollorgan seiner Ich-Zustände einzusetzen."[68]

Eine wesentliche Voraussetzung dafür, damit das Erwachsenen-Ich als Exekutive fungieren kann, besteht darin, dass der jeweilige Mensch zunächst einmal überhaupt in seinem Erwachsenen-Ich anwesend ist und dass er dort dann auch Bewusstheit verwirklicht. „Bewusstheit ist das Wissen um das, was jetzt geschieht."[69] Nur wenn ein Mensch im jeweils gegenwärtigen Augenblick in seinem Erwachsenen-Ich dessen gewahr wird, welcher Stimulus ihn gerade erreicht, kann er auch aus seinem Erwachsenen-Ich heraus ent-

---

[68] James & Jongeward: Spontan leben (1974), S. 267.
[69] James & Jongeward: Spontan leben (1974), S. 298.

scheiden und kontrollieren, mit welchem seiner Ich-Zustände er auf diesen Stimulus reagieren will.

Genau darum geht es beim Erwachsenen-Ich als Exekutive: Der jeweilige Mensch nimmt hier möglichst alle Stimuli, die ihn erreichen, erst einmal mit seinem Erwachsenen-Ich entgegen. Wenn er zu der Entscheidung kommt, dass der jeweilige Stimulus mit einer sachlichen Reaktion beantwortet werden sollte, dann reagiert er darauf auch direkt aus seinem Erwachsenen-Ich heraus. Andernfalls versetzt er sich nun bewusst in sein Eltern-Ich oder in sein Kind-Ich und reagiert aus jenem Ich-Zustand heraus auf den jeweiligen Stimulus – etwa wenn er zu der Entscheidung gekommen ist, dass hier eher eine mütterlich-fürsorgliche Reaktion angemessen ist oder eine väterlich-orientierende oder eine kindlich-vergnügte.

Jeder Mensch kann also lernen, so Muriel James und Dorothy Jongeward, von seinem Erwachsenen-Ich her die eintreffenden Stimuli zu beobachten und dann von ihm her die eigenen Reaktionen darauf zu dirigieren. Hier wird das Erwachsenen-Ich des betreffenden Menschen – und er selbst durch dieses – jeweils zum inneren Beobachter und zum inneren Dirigenten. Doch jenseits eines solchen Erwachsenen-Ichs gibt es nun nach Muriel James und Louis M. Savary noch eine weitere, dieses Mal transzendente Realität, die allen drei Ich-Zuständen zugrunde liegt: „Wir meinen damit den ›Inneren Kern‹ oder ›das spirituelle Selbst‹."[70]

Von diesem Inneren Kern geht eine Innere Kraft aus, die in jedem Menschen wirksam werden kann. Die Quelle dieser Kraft ist letztendlich Gott selbst beziehungsweise der transzendente Seinsgrund des Universums. „Da diese Kraft ihre Quelle in der göttlichen Kraft hat, die durch das ganze Universum pulsiert, braucht niemand zu fürchten, er könne nicht genug davon bekommen."[71] James und Savary veranschaulichen den Inneren Kern und die Innere Kraft

---

[70] James & Savary: Befreites Leben (1977), S. 37.

[71] James & Savary: Befreites Leben (1977), S. 40.

relativ zu den drei Ich-Zuständen in einer Grafik ähnlich der in Abbildung 6 gezeigten.[72]

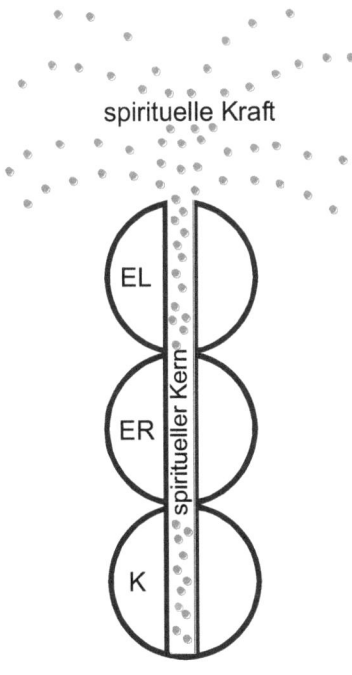

Abbildung 6: Die drei Ich-Zustände und
der spirituelle Kern des Menschen

Entdecken kann ein Mensch die Innere Kraft nur durch eine entsprechende eigene Erfahrung – und nicht einfach dadurch, dass er Informationen darüber aufnimmt. „Diese Entdeckung kann sich

---

[72] Vergleiche hierzu Abbildung 1 in James & Savary (1977), S. 41.

gerade dann ereignen, wenn ein Mensch ganz mutlos ist, und sie geschieht oft auf ganz unvorhergesehene Weise."[73]

Doch unabhängig davon, ob einem Menschen schon einmal eine unmittelbare Erfahrung der Inneren Kraft zuteil geworden ist, können Menschen von ihren Ich-Zuständen her in einem unterschiedlichen Ausmaß für diese Kraft offen oder verschlossen sein. Im Idealfall durchdringt der spirituelle Kern alle drei Ich-Zustände eines Menschen und belebt sie jeweils kontinuierlich mit seiner spirituellen Kraft. Doch viele Menschen sind ohne jeglichen inneren Kontakt zu ihrem spirituellen Kern. Wenn ein Mensch in seinen Ich-Zuständen von der spirituellen Kraft belebt wird, dann fällt es ihm deutlich leichter, aus seinem Eltern-Ich heraus nährend und fürsorglich zu sein sowie in seinen Erwachsenen-Ich vernünftig und verantwortlich und von seinem Kind-Ich her spielfreudig und neugierig.

Karlfried Graf Dürckheim: Meditation und Seinserfahrungen

Karlfried Graf Dürckheim gehört zu denjenigen Personen, welche in den 1960er Jahren die buddhistische Meditationspraxis in Deutschland bekannt gemacht haben. Vorher schon, Anfang der 1950er Jahre, hat er gemeinsam mit Maria Hippius eine eigene Therapiemethode begründet, nämlich die Initiatische Therapie. Sowohl in seiner Therapiemethode wie auch in der Meditationspraxis geht es ihm vor allem um eine spirituelle Initiation, um ein inneres Öffnen des Menschen zur kosmischen Transzendenz hin.

Die Meditationspraxis, die Dürckheim in Deutschland maßgeblich mit eingeführt hat, war eine im Stile des Zen. Hierbei handelt es sich

---

[73] James & Savary: Befreites Leben (1977), S. 44.

um eine Meditation im stillen Sitzen. Der Praktizierende setzt sich dafür mit aufrechtem Oberkörper auf ein festes Kissen und verschränkt die Beine vor seinem Rumpf, sodass die Knie den Boden berühren. Die Hände werden im Schoß aufeinander gelegt, wobei die Daumen sich oberhalb der Handflächen mit den Spitzen berühren. Die Augen werden halb geschlossen und der Blick wird zum Boden hin gesenkt. In dieser Körperhaltung meditiert der Praktizierende dann, möglichst ohne sich zu bewegen, etwa dreißig oder vierzig Minuten lang.

Seine Aufmerksamkeit richtet der Praktizierende während der Meditation nach innen auf seinen Atem. Er beobachtet die natürliche Bewegung seines Atems, ohne sie zu verändern. Der eigentliche Weg und das erste Ziel der Meditation im Stile des Zen ist die Entleerung und die Verwandlung des eigenen Bewusstseins. Entleerung bedeutet Freiwerden von allen Bewusstseinsinhalten wie Gedanken, Fantasien und Emotionen. Die wichtigste Anweisung diesbezüglich lautet: „Vorüberziehen lassen wie Wolken!"[74] Verwandlung des eigenen Bewusstseins heißt zunächst einmal Verwirklichung eines Spürbewusstseins. Vor allem die Atembewegung, das natürliche Aus und Ein des eigenen Atems, gilt es hier nicht nur kontinuierlich zu beobachten, sondern zugleich auch unmittelbar zu spüren, direkt damit in Fühlung zu sein und zu bleiben, ohne das Wahrgenommene in Begriffe zu fassen: „In der Regel springt das ursprünglich Gespürte automatisch in ein ›Gewusstes‹ um. Nun handelt es sich um das Wiedergewinnen ursprünglicher Fühlung, um Innewerden der Qualität des Gespürten."[75]

Jede Meditationssitzung beginnt also damit, dass der Praktizierende sich aktiv nach innen hin konzentriert und sich zugleich von seinem Alltag abwendet. Er nimmt sich selbst mit seinem Willen zusammen und richtet die Aufmerksamkeit seines Ichs auf seinen Atem. Dabei bemüht er sich diesbezüglich um ein unmittelbares

---

[74] Dürckheim: Zen (1984), S. 113.
[75] Dürckheim: Zen (1984), S. 114.

Spüren, während er zugleich alle anderen Bewusstseinsinhalte möglichst vorüberziehen lässt. So baut er in sich eine konzentrative Spannung auf, die auf das Spüren des Atmens hin zugespitzt ist. Doch eine solche innere Aktivität ist nur die Vorbereitung: „Ohne diese vorangehende konzentrative Spannung, ohne diese Zuspitzung, die den ganzen Menschen in sich und auf etwas hin versammelt, gibt es keine Meditation, aber dies alles *ist* noch nicht Meditation."[76]

Der eigentliche Zustand der Meditation beginnt erst dann, wenn das Meditieren nicht mehr eine Aktivität ist, die der Praktizierende aus seinem Ich und durch seinen Willen vollzieht, sondern wenn es zu einem Geschehen wird, das ihn aus seinem tiefsten Inneren heraus ergreift. So ist der eigentliche Zustand der Meditation „keine Konzentration auf etwas, sondern ein Versammeltwerden durch etwas. Es ist keine Auseinandersetzung mit etwas, sondern ein Einswerden."[77] Durch dieses Einswerden gelangt der Praktizierende nach und nach in eine ganz besondere innere Stille. Hierbei handelt es sich um eine lichte und zustimmende Stille des Wohlergehens. In diese Stille hinein mag ihm dann irgendwann einmal während des Meditierens sogar eine Seinserfahrung zuteil werden.

Seinserfahrungen, wie Dürckheim sie versteht, sind mystische Erfahrungen der Transzendenz, des überweltlichen oder göttlichen Seins. Solche Erfahrungen beinhalten ein vorübergehendes Einswerden mit dem überweltlichen Sein und doch zugleich auch ein unmittelbares Präsentsein in der gegenwärtigen Situation. Allerdings handelt es sich bei ihnen um äußerst seltene Erlebnisse, die sich zudem jeglicher Machbarkeit entziehen.

Eine Seinserfahrung ist, falls sie uns zuteil wird, nur möglich als ein Geschenk – ein Geschenk, in dem wir von etwas Wundersamen durchflutet werden. Durch dieses Wundersame finden wir uns dann in einem ganz besonderen Zustand wieder: „Wir sind wie abwesend

---

[76] Dürckheim: Alltag (1980), S. 49.

[77] Dürckheim: Leben (1972), S. 136.

und doch ganz da, ganz leer und voller Leben. Wir ruhen ganz in uns selbst und sind doch zugleich allem zuinnerst verwandt. Wir sind allem enthoben und zugleich in allem darin, sind allem verbunden und haften an nichts."[78]

Das Wundersame, welches uns in einer Seinserfahrung durchflutet, gibt dieser Erfahrung eine besondere Qualität des Numinosen. Durch diese Qualität werden wir während einer solchen Erfahrung sowohl fasziniert wie zugleich auch erschüttert. „Das Numinose ist die Qualität, die untrüglich und unverwechselbar die Präsenz einer anderen Wirklichkeit im menschlichen Bewusstsein anzeigt."[79]

Bei der anderen Wirklichkeit, die während einer Seinserfahrung im Bewusstsein des jeweiligen Menschen anwesend ist, handelt es sich um das überweltliche Sein. Diese berührt den Menschen hier in dreifacher Weise, nämlich „als ungeschiedene *Fülle*, überweltliche *Ordnung* und alles durchdringende *Einheit*. Die Fülle erscheint im Menschen als *beglückende Kraft*, die gesetzliche Ordnung als *Sinn für Gestalt*, die Einheit des Seins in der *Liebe*."[80]

Es ist damit nicht so sehr ein bestimmter Inhalt, der während einer Seinserfahrung im Bewusstsein des jeweiligen Menschen auftaucht und der diese Erfahrung dadurch ausmacht, wie etwa eine bestimmte Vision, sondern charakteristisch für eine Seinserfahrung ist vor allem eine Veränderung in der Qualität des Bewusstseins. Das Bewusstsein des jeweiligen Menschen erweitert sich hier zeitweilig zum überweltlichen Sein hin und erhält dadurch eine numinose Qualität, die sich daraus ergibt, dass das überweltliche Sein nun den Menschen mit seiner Fülle und seiner Ordnung sowie in seiner Einheit unmittelbar berührt.

Alle gewöhnlichen Bewusstseinsinhalte, die Gedanken und die Gefühle sowie die Sinneswahrnehmungen, verschwinden keineswegs während einer Seinserfahrung, sondern sie werden hier statt-

---

[78] Dürckheim: Ursprung (1978), S. 84.
[79] Dürckheim: Ursprung (1978), S. 100.
[80] Dürckheim: Leben (1972), S. 124.

dessen transparent zum überweltlichen Sein hin. Eine Seinserfahrung ist nicht, oder zumindest nicht nur, ein Versunkensein. Welt wird gleichzeitig erfahren, vorübergehend jedoch auf eine verwandelte Art und Weise: „Welt wird durchsichtig auf das Überweltliche hin."[81] So bringt eine Seinserfahrung insgesamt immer auch eine außergewöhnliche Klarwerdung des eigenen Bewusstseins mit sich: „Das aber ist nicht eine ›Klarheit über etwas‹, so wie es sie im natürlichen Verstand gibt, sondern *Klarheit als Zustand*. Wir stehen dann ›*in der Klarheit*‹."[82]

Auftreten können solche Seinserfahrungen, wie bereits angedeutet, während des Meditierens, also im Verlauf einer meditativen Übung, etwa bei einer Zen-Meditation oder auch beim Tai Chi Chuan. Daneben gibt es nach Dürckheim aber noch einige weitere Situationen oder Umstände, in denen sich Seinserfahrungen bevorzugt ereignen. Hierbei handelt es sich einerseits um sehr schlimme und andererseits um eher beglückende Situationen oder Umstände. So ereignen sich Seinserfahrungen nach Dürckheim mitunter auch:

- in der tiefsten Not, als innere Erlösung aus Angst oder Verzweiflung, Einsamkeit oder Schmerz;
- in der freien Natur, etwa tagsüber im Schweigen des Waldes oder nachts beim Anblick des Sternenhimmels;
- in der liebevollen Erotik, beispielsweise während körperlicher Zärtlichkeiten mit einem vertrauten Partner oder im hingebungsvollen Orgasmus;
- in der großen Kunst, durch das innere Ergriffenwerden von einem großartigen Gemälde oder einem klassischen Musikstück;
- in der religiösen Kulthandlung, beispielsweise während der andächtigen Teilnahme am christlichen Abendmahl.

Die Intensität einer Seinserfahrung kann dabei sehr unterschiedlich sein. Manchmal handelt es sich hier um eine zarte Seinsfühlung, bei der das überweltliche Sein sanft in das eigene Erleben hineinschim-

---

[81] Dürckheim: Leben (1972), S. 31.

[82] Dürckheim: Erlebnis (1982), S. 102.

mert und die den betroffenen Menschen für einen beglückenden Augenblick gleichsam verzaubert, manchmal handelt es hier aber auch um eine ›Große Erfahrung‹, bei der das überweltliche Sein den jeweiligen Menschen regelrecht erschüttert und die geeignet ist, sein gesamtes weiteres Leben zu verändern.

Überhaupt möglich sind Seinserfahrungen nach Dürckheim vor allem deshalb, weil es sich bei dem überweltlichen Sein nicht nur um eine jenseitige Transzendenz handelt, sondern weil dieses Sein insgeheim auch jedem einzelnen Menschen innewohnt, als ihm immanente Transzendenz. Diese dem Menschen insgeheim innewohnende Transzendenz macht nach Dürckheim sogar das eigentliche Wesen des Menschen aus. Deswegen verwendet er dafür auch genau dieses Wort: „Das Wort ›Wesen‹ meint nichts Vages, sondern etwas sehr Bestimmtes, nämlich den *innersten Kern unserer Existenz*, in dem wir teilhaben an der Wirklichkeit jenes größeren göttlichen Lebens, das unser kleines, zwischen Geburt und Tod ablaufendes Leben von Grund auf bestimmt und übergreift."[83]

In unserem hauptsächlich auf die äußere Welt bezogenen und in unserer inneren Welt residierenden Ich wissen wir jedoch nichts von dem überweltlichen Sein in uns. Das Wesen ist dem Ich verborgen. Dementsprechend bezeichnet Dürckheim unser natürliches Ich ausdrücklich als ein ›Welt-Ich‹. Dem Welt-Ich ist und bleibt die immanente Transzendenz ein Geheimnis – bis wir durch eine eigene unmittelbare Seinserfahrung in dieses Geheimnis initiiert und damit eingeweiht werden: „Initiare bedeutet: das Tor zum Geheimen öffnen. Was ist das Geheime? Das uns innewohnende und zunächst vom natürlichen Welt-Ich verborgene ›Wesen‹ als die Weise, in der das überweltliche Sein uns innewohnt."[84]

Das überweltliche Wesen ist damit nicht nur vor dem Ich verborgen, sondern es wird auch von diesem Ich regelrecht verborgen gehalten – und zwar durch ein dem Ich unabdingbar innewohnendes

[83] Dürckheim: Durchbruch (1984), S. 53.
[84] Dürckheim: Zen (1984), S. 26.

Prinzip des Fixierens. Gemäß diesem Prinzip hält das Ich sowohl an sich selbst fest, an seiner Identität, die es einmal gewonnen hat, als auch an der eigenen Position in der Welt, die der jeweilige Mensch einmal erreicht hat. Sein Denken verläuft vorzugsweise entsprechend festgefahrenen Kategorien und sein Erleben fixiert das Ich stets automatisch mithilfe von sprachlichen Begriffen.

Durch ausgeprägte Sicherungsbestrebungen unseres Ichs versuchen wir ständig, möglicherweise drohendes Unbehagen von uns fern zu halten, und mithilfe von unbewussten Verdrängungsmechanismen unseres Ichs unterdrücken wir andauernd eigene Lebensimpulse, die ansonsten unseren Alltag durcheinander bringen könnten.

Das fixierende Prinzip, welches dem Ich eigen ist, verhindert somit jeden grundlegenden Wandel, damit aber zugleich auch jede innere Öffnung zum eigenen Wesen hin. Während der Meditation wird nun dieses fixierende Prinzip gezielt in eine konzentrative Spannung umgesetzt, die auf das Spüren des Atmens hin zugespitzt ist und möglichst dort gehalten wird. So können im tieferen Inneren des Praktizierenden die Kräfte des Wandels zu wirken beginnen und ihn früher oder später auch in seinem Ich ergreifen. Dadurch gerät der Praktizierende dann in den eigentlichen Zustand der Meditation, in den hinein ihm irgendwann einmal sogar eine Seinserfahrung und damit eine Erfahrung des eigenen Wesens zuteil werden mag.

Die erste Seinserfahrung eines Menschen ist nun nicht nur dessen spirituelle Initiation, also seine Einweihung in die Transzendenz, sondern sie ist, so Dürckheim, oft zugleich der Ausgangspunkt für ein weiteres Wandlungsgeschehen – ja letztendlich sogar für ein lebenslanges. Dieses Wandlungsgeschehen beinhaltet für den betroffenen Menschen alsbald auch eine radikale Umkehr in seiner Auffassung darüber, worum es im Leben eigentlich geht. Für ihn selbst geht es dann in seinem eigenen Leben mehr und mehr vor allem darum, innerlich von seinem Ich her zum überweltlichen Sein hin zunehmend durchlässiger zu werden und der ihm als Menschen innewohnenden Transzendenz äußerlich in seinem alltäglichen Handeln zunehmend besser gerecht zu werden.

Die wichtigste Methode, die dabei helfen kann, vom eigenen Ich her zunehmend durchlässiger zu werden für das überweltliche Sein, ist die Praxis der Meditation. Diese Praxis zielt nach Dürckheim keineswegs darauf ab, das eigene Ich einfach aufzulösen – grundsätzlich soll es in seiner Form sogar ausdrücklich erhalten bleiben. Vor allem das fixierende Prinzip des Ichs aber soll durch die Praxis der Meditation in seinem Wirken einerseits reduziert und andererseits neu ausgerichtet werden.

Das Wandlungsgeschehen betrifft aber nicht nur das Ich, sondern auch den eigenen Körper. Dort wirkt das fixierende Prinzip ebenfalls und führt hier vor allem zu Verspannungen in der Muskulatur. So sind Verspannungen in den Schultern beispielsweise nach Dürckheim vor allem ein Sich-Festhalten des betreffenden Menschen, das aus einer Angst vor den Unsicherheiten des Lebens resultiert. Hilfreich wäre diesbezüglich ein leibliches Sich-Niederlassen im Bauch-Becken-Raum, dem sogenannten Hara. Darüber hinaus kann auch der Körper insgesamt sogar durchlässig werden zum überweltlichen Sein hin: „Es gibt ein Öffnen zur kosmischen Transzendenz im Leibe."[85]

Das eigene Ich ist nach Dürckheim ebenfalls vor allem dann geglückt, wenn es „in aller Form durchlässig und in aller Durchlässigkeit in Form bleibt"[86]. Anzustreben ist dementsprechend ein Ich, das einerseits gut in der Welt zurechtkommt und dem andererseits trotzdem eine stabile Transparenz zum Wesen hin gelungen ist. Durch diese Transparenz bleibt jenes Ich dann unterschwellig nahezu fortwährend in Fühlung mit dem überweltlichen Sein. So kann der jeweilige Mensch nun auch von dorther, unabhängig von allen weltlichen Umständen seines Lebens, Kraft und Sinn sowie Geborgenheit erfahren. Außerdem geben ihm die Fülle und die Ordnung sowie die Liebe des überweltlichen Seins zugleich Orientierun-

---

[85] Dürckheim: Leib (1977), S. 16.
[86] Dürckheim: Ursprung (1978), S. 59.

gen für sein alltägliches Handeln, denen gerecht zu werden er sich nun immer mehr bemüht.

Achtsamkeit und Selbstverwirklichung

Deshalb bedeutet Selbstverwirklichung im Wesentlichen die Entwicklung der menschlichen Fähigkeiten für gute mitmenschliche Beziehungen.

Karen Horney
(Neurose und menschliches Wachstum, S. 346.)

Perspektiven der Achtsamkeit

Achtsamkeit beinhaltet durchaus verschiedene Perspektiven, die sich daraus ergeben, welchen Sinn sie hat oder für welchen Zweck sie eingesetzt wird. So kann Achtsamkeit in sich selbst wertvoll sein, weil sie den Reichtum des Lebens leichter zugänglich macht, der jedem einzelnen Augenblick innewohnt. Sie kann aber auch zu dem Zweck eingesetzt werden, um die natürliche Selbstregulation zu fördern oder um Verdrängungen wieder rückgängig zu machen.

Damit sind verschiedene Erzählungen zur Achtsamkeit möglich: Ein sehr alte und zugleich die umfassendste Erzählung zur Achtsamkeit stammt von Siddhartha Gautama, dem Buddha. Sie beinhaltet, dass Achtsamkeit ein wichtiges Glied ist auf dem Weg zur höchsten Befreiung. Eine sehr moderne und zugleich die wissenschaftlich am besten überprüfte Erzählung zur Achtsamkeit stammt von Jon Kabat-Zinn. Sie beinhaltet, dass Achtsamkeit eine hilfreiche Methode ist bei der Behandlung von stressbedingten Erkrankungen.

Die meisten der im vorangegangenen Teil vorgestellten Verfahren der Selbsterfahrung und der Psychotherapie werden der Humanistischen Psychologie zugerechnet und die anderen, speziell die Psychosynthese und die Initiatische Therapie, der Transpersonalen Psychologie. Die Humanistische Psychologie wurde Anfang der 1960er Jahre in den USA begründet, und zwar sozusagen als ›dritte Kraft‹, nämlich als Alternative einerseits zur klassischen Psychoanalyse und andererseits zur damaligen Verhaltenstherapie. Im Unterschied zur klassischen Psychoanalyse und zur damaligen Verhaltenstherapie geht die Humanistische Psychologie davon aus, dass jedem Menschen ganz zentral eine Tendenz zur Selbstverwirklichung zu eigen ist. Die Erzählung der Humanistischen Psychologie zur Achtsamkeit lautet, kurz zusammengefasst, dass eine von Achtsamkeit geprägte Lebensweise förderlich ist für die eigene Selbstverwirklichung des jeweiligen Menschen.

Die Transpersonale Psychologie wurde gegen Ende der 1960er Jahre in den USA begründet, und zwar sozusagen als ›vierte Kraft‹, die sich hauptsächlich mit der Erforschung der spirituellen Dimension der menschlichen Existenz befasst. Die Erzählung der Transpersonalen Psychologie zur Achtsamkeit lautet, kurz zusammengefasst, dass Achtsamkeitsmethoden hilfreich sein können für Menschen, die sich für die spirituelle Dimension ihrer Existenz innerlich öffnen wollen. Grundlegend ist für viele Verfahren sowohl der Humanistischen Psychologie wie auch der Transpersonalen Psychologie das Vertrauen in eine dem Menschen innewohnende und für gewöhnlich autonom wirkende Kraft der Selbstregulation – sowie die Erkenntnis, dass diese Kraft in ihrer Wirksamkeit gefördert werden kann durch den Einsatz von Achtsamkeit.

In der Klientenzentrierten Psychotherapie von Carl R. Rogers wird die Achtsamkeit des Klienten ausschließlich indirekt gefördert, und zwar durch die nichtwertende Akzeptanz und das fortlaufende ›Spiegeln‹ des Therapeuten. Letzteres besteht darin, dass der Therapeut dem Klienten vor allem die Erlebnisse, über die jener spricht, und die Emotionen, die er dabei äußert, immer wieder noch einmal mit eigenen Worten zurücksagt. Durch ein solches Vorgehen des Therapeuten gelangt der Klient nach und nach zunehmend dahin, sich vor allem mit seinem jeweils gegenwärtigen Erleben zu befassen und dies seinerseits ebenfalls möglichst nichtwertend zu tun. So verwirklicht der Klient in den Therapiesitzungen immer wieder Achtsamkeit, wodurch wiederum die seinem Organismus innewohnende Aktualisierungstendenz gefördert wird – also seine ihm angeborene Tendenz zur inneren Selbstregulierung und zur heilsamen Selbstverwirklichung.

Nichtwertende Akzeptanz bedeutet jedoch aus der Sicht von Rogers keineswegs, dass es überhaupt keine Bewertungen geben sollte oder auch nur könnte. Ganz im Gegenteil gehört nach Rogers zur Aktualisierungstendenz des Menschen als Organismus ganz wesentlich und sogar notwendigerweise auch die Fähigkeit, die eigenen Erfahrungen und die eigenen Verhaltensweisen dahingehend bewerten zu können, ob sie gut oder schlecht sind für die eigene Selbsterhaltung und die eigene Selbstentfaltung. Die Gefühle und Gedanken, in denen sich die entsprechenden organismischen Bewertungen ausdrücken, gehören mit zum eigenen Erleben im jeweils gegenwärtigen Moment. Problematisch sind hingegen nach Rogers alle Bewertungen, die von anderen Menschen ungeprüft übernommen wurden – und alle eigenen inneren Kritisierungen des eigenen Erlebens durch solche Bewertungen. Gerade gegenüber diesen übernommenen Bewertungen und inneren Kritisierungen geht es bei der nichtwertenden Akzeptanz letztendlich darum, das ganze eigene Erleben mitsamt den organismischen Bewertungen nichtwertend zu akzeptieren.

Mit Erich Fromm lässt sich Achtsamkeit aus zwei verschiedenen Perspektiven betrachten, aus einer psychologischen und einer soziologischen. Aus der psychologischen Perspektive betrachtet ist eine von Achtsamkeit geprägte Lebensweise durchaus förderlich für die eigene Selbstverwirklichung des jeweiligen Menschen. Aus der soziologischen Perspektive betrachtet gibt es in einer Gesellschaft wie der unseren jedoch starke Kräfte, die einer von Achtsamkeit geprägten Lebensweise entgegenstehen. Es sind die Kräfte der Vermarktung sowie auch der Selbstvermarktung und des Konsumierens im Überfluss und in allen Lebensbereichen. Diese Kräfte drängen und verführen jeden einzelnen Menschen dazu, sogar die eigene Persönlichkeit vor allem zu vermarkten und die eigenen Erlebnisse einfach nur zu konsumieren.

Doch nicht nur die Achtsamkeit an sich lässt sich aus verschiedenen Perspektiven betrachten. Manche speziellen Achtsamkeitsübungen haben darüber hinaus noch einmal unterschiedliche Bedeutungen, je nachdem, von welchen Verfahren der Psychotherapie her sie betrachtet werden. Ein gutes Beispiel hierfür ist der Body-Scan.

Aus der Perspektive der Verhaltenstherapie erscheint der Body-Scan vor allem als eine Übung, um die eigene Fähigkeit zur Achtsamkeit zu trainieren und um die innere Wahrnehmung des eigenen Körpers zu verbessern: „Diese Übung ermöglicht eine Verbesserung der Körperwahrnehmung und der Übende lernt, auf praktische Weise ›im Körper zu sein‹ und mehr auf seine Signale zu hören."[1]

Aus der Perspektive der Körpertherapie hingegen erscheint der Body-Scan vor allem als eine Übung, die dem Organismus dabei hilft, abgespaltene Gefühle und Bedürfnisse selbstregulierend wieder zu integrieren. Viele Körperpsychotherapeuten gehen davon aus, dass Gefühle und Bedürfnisse, die psychisch aus der bewussten Persönlichkeit heraus verdrängt werden, zugleich auch körperlich von ihr abgespalten werden – und zwar indem sie entweder durch Muskelverspannungen blockiert oder durch Muskelerschlaffungen gelähmt werden. Die entsprechenden Verspannungen und Erschlaffungen bleiben dann dauerhaft bestehen. Wenn nun ein Mensch während des Body-Scans solche Verspannungen oder Erschlaffungen in seinem Körper immer wieder mit Achtsamkeit spürt, dann bewirkt nach Auffassung der Körpertherapie die Selbstheilungskraft in ihm mit der Zeit eine Entspannung der verspannten Muskeln und eine Vitalisierung der erschlafften Muskeln. Dadurch werden die abgespaltenen Gefühle und Bedürfnisse in dem jeweiligen Menschen nach und nach freigesetzt, sodass er sie nun langsam wieder in seine bewusste Persönlichkeit integrieren kann.

Der innere Beobachter, der sich während des Praktizierens von Achtsamkeit konstelliert, erscheint ebenfalls nicht nur als ein solcher, wenn er nicht nur aus der Perspektive einer meditativen Achtsamkeit heraus betrachtet wird, sondern auch aus der Perspektive einer achtsamen Alltagsbewältigung. So bezeichnet Roberto Assagioli die entsprechende Instanz als personales Selbst und schreibt ihr nicht nur eine introspektive, sondern auch eine dynamische Qualität zu. Das personale Selbst ist damit nicht nur ein innerer Beobachter, sondern es kann auch zum inneren Dirigenten werden. Ein Mensch, in dem dieses Selbst aktiv ist, kann von dort her als Beobachter sich der eigenen inneren Bewusstseinsinhalte mit Achtsamkeit gewahr werden, er kann aber auch von dort her als Dirigent seinen äußeren

---

[1] Meibert, Michalak & Heidenreich: MBSR (2013), S. 174.

Gefühlsausdruck und seine äußeren Verhaltensreaktionen mit Achtsamkeit steuern.

Muriel James lokalisiert die Instanz des Beobachters und Dirigenten für die Transaktionsanalyse im Erwachsenen-Ich – und sie betont für ein achtsames Kommunikationsverhalten vor allem die dynamische Qualität dieser Instanz. Ihrer Auffassung nach kann sich jeder Mensch darin trainieren, zunehmend häufiger in seinem Erwachsenen-Ich anwesend zu sein und vor dort her zunehmend häufiger auch sein eigenes Kommunikationsverhalten wirklich bewusst und absichtlich zu steuern.

Aus der Perspektive der Transpersonalen Psychologie ist allerdings das personale Selbst und damit auch der innere Beobachter nur ein Stellvertreter des eigentlichen transzendenten Zeugen. So unterscheidet insbesondere Roberto Assagioli hier zwischen einem personalen und einem transpersonalen Selbst. Das transpersonale Selbst ist der eigentliche transzendente Zeuge und befindet sich gleichsam oberhalb der menschlichen Persönlichkeit. Das personale Selbst hingegen erscheint als mentale Projektion des transpersonalen Selbst mitten im Bewusstseinsfeld der menschlichen Persönlichkeit.

Das personale Selbst des Menschen ist zwar sozusagen sein eigenes Bewusstsein selbst und damit das reine Selbstbewusstsein an sich inmitten der ständig wechselnden Inhalte seines Bewusstseinsfeldes. Doch auch dieses reine Selbstbewusstsein ist zunächst lediglich ein mentales Selbstbewusstsein, das aus entsprechenden Gedanken besteht. Wenn wir das personale Selbst oder den inneren Beobachter erfahren und uns mit ihm identifizieren, dann identifizieren wir uns mit denjenigen Gedanken, aus denen dieses Selbst beziehungsweise der innere Beobachter besteht. Aus der Perspektive des transpersonalen Selbst oder des transzendenten Zeugen sind aber auch diese Gedanken lediglich Bewusstseins*inhalte*.

Das transpersonale Selbst ist der mystische Kern des Menschen. Karlfried Graf Dürckheim bezeichnet diesen mystischen Kern als das Wesen. Wenn sich dieses Wesen in einem Menschen manifestiert und er sich in jenem Wesen befindet, dann ›steht‹ er damit zugleich in der Klarheit eines transzendenten Gewahrseins. Dieses transzendente Gewahrsein ist die transzendente Achtsamkeit. Die wichtigste Methode, um sich in gewöhnlicher Achtsamkeit zu üben und um durch ein solches Exerzitium irgendwann einmal in eine Erfahrung von transzendenter Achtsamkeit zu gelangen, ist für Dürckheim die Meditation im Stile des Zen – und hier speziell jene Meditationsmethode des Zen, in der vor allem die eigene Atmung kontinuierlich mit nichtwertendem Gewahrsein beobachtet und zugleich gespürt wird.

Viele der klassischen Methoden zur Verwirklichung von Achtsamkeit sind Meditationsmethoden. Aber umgekehrt sind keineswegs alle Meditationsmethoden zugleich Achtsamkeitsmethoden, also solche, bei denen der Praktizierende sich während des Meditierens in und mit seinem Geist fortwährend darum bemüht, Achtsamkeit zu verwirklichen. Manche klassischen Meditationsmethoden bestehen auch darin, dass der Praktizierende hier in und mit seinem Geist paradoxe Denkaufgaben zu lösen versucht oder immer wieder neue Buchstabenkombinationen erstellt oder schrittweise hochdifferenzierte Visualisierungen aufbaut.

Bei denjenigen Meditationsmethoden, die zugleich Achtsamkeitsmethoden sind, besteht die Vorgehensweise darin, während des Meditierens mit voller Aufmerksamkeit möglichst ununterbrochen die eigene gegenwärtige Erfahrung zu beobachten und sich ihrer jeweils nichtwertend gewahr zu werden. Oft bekommt oder nimmt der Meditierende sich hier eine Aufgabe mit in seine Meditation, die ihm dabei helfen soll, seine Aufmerksamkeit in der eigenen gegenwärtigen Erfahrung zu verankern.

Diese Aufgabe kann etwa darin bestehen, während des Meditierens eine leuchtende Kerze oder den eigenen Atem zu beobachten. Wenn der eigene Atem beobachtet wird, dann kann die Aufgabe noch dahingehend erweitert werden, dass der Meditierende die einzelnen Atemzüge zugleich auch in Gedanken zählt oder dass er sie fortwährend mit einem Mantra begleitet.

Ein Mantra ist eine heilige Silbe wie beispielsweise ›Om‹ oder ›Hum‹ oder eine Folge solcher Silben. Die eigenen Atemzüge mit einem solchen Mantra zu begleiten kann dem Meditierenden dabei helfen, mit seiner Aufmerksamkeit nichtwertend in der eigenen gegenwärtigen Erfahrung zu bleiben.

Selbstentfaltung durch Meditation

Mitte der 1970er Jahre haben die Psychologen Lutz Schwäbisch und Martin Siems einen großen Versuch unternommen, die Praxis des Meditierens von dem religiösen Kontext in einen psychologischen Kontext zu überführen und sie dann als solche in der allgemeinen Bevölkerung zu verbreiten. Durchgeführt haben sie diesen Versuch vor allem mit ihrem Buch *Selbstentfaltung durch Meditation – Eine praktische Anleitung*. Die Autoren kannten nahezu sämtliche Verfahren der Selbsterfahrung und der Psychotherapie, die in dem vorangegangenen Teil vorgestellt wurden, und sie haben in ihrem Buch vor allem Erkenntnisse aus diesen Verfahren verwendet, um die Wirkungsweise von Meditation zu erläutern. Das hier beginnende Kapitel bietet eine Zusammenfassung ihrer Anleitung.

Unter Meditation verstehen Schwäbisch und Siems eine Versenkungstechnik, „bei der es zu einer Umschaltung des Bewusstseins kommt, d.h. der Meditierende in einen Bewusstseinsmodus gelangt, der verschieden ist von unserem Tagesbewusstsein"[2]. Dieser Bewusstseinsmodus besteht aus einer nach innen gerichteten, aber dennoch klaren Aufmerksamkeit, mit der der Meditierende in ein nichtwertendes Gewahrsein desjenigen Geschehens versunken ist, welches sich in seinem Inneren jeweils gerade ereignet.

---

[2] Schwäbisch & Siems: Meditation (1976), S. 13.

In ihrer Anleitung richten sich die Autoren dabei vor allem an Anfänger, welche die Meditation neu erlernen wollen. Für diese schlagen sie eine Methode der Mantra-Meditation vor, also eine solche Meditationstechnik, bei der mit einem Mantra meditiert wird, mit einer heiligen Silbe oder mit einer Folge von solchen Silben. In der von den Autoren vorgeschlagenen Mantra-Meditation lautet diese Silbenfolge ›Om Ah Hum‹.

Um in den meditativen Bewusstseinsmodus zu gelangen ist es wichtig, sich zunächst vom Tagesgeschehen und vom Tagesbewusstsein zu lösen durch das Zurückziehen der Sinne von der Außenwelt. Wenn Sie selbst beispielsweise meditieren wollen, dann empfehlen Ihnen die Autoren, sich dafür einen ruhigen Platz zu suchen. Besonders wenn Sie ein Anfänger sind, kann es für Sie außerdem sehr hilfreich sein, zur Meditation die Augen zu schließen. Ansonsten können die Augen auch halb geöffnet bleiben, mit dem Blick auf den Boden gesenkt. Das Mantra dient dann als Konzentrationsobjekt, worauf die Aufmerksamkeit gerichtet wird. Es ist einfach ein Hilfsmittel, um in den meditativen Bewusstseinszustand zu gelangen. „Wenn die Gedanken abschweifen, gehen Sie zurück zum Konzentrationsgegenstand, sobald Sie die Ablenkung bewusst wahrnehmen."[3]

Eine Meditationssitzung sollte 20 bis 30 Minuten dauern. Der Praktizierende kann sich zum Meditieren auf einen Stuhl setzen oder auch auf ein Meditationsbänkchen. Wichtig ist, dass er einigermaßen bequem sitzt, sodass er sich während des Meditierens nicht zu bewegen braucht, und dass er aufrecht sitzt, mit möglichst geradem Rücken. Wirksam ist die Methode der Meditation vor allem dann, wenn sie über viele Monate oder gar Jahre hinweg regelmäßig praktiziert wird, und zwar entweder zweimal oder zumindest einmal täglich.

Der Konzentrationsgegenstand, das Mantra ›Om Ah Hum‹, wird beim Meditieren mit dem Atem koordiniert. „Der natürliche

---

[3] Schwäbisch & Siems: Meditation (1976), S. 15 f.

Atemrhythmus besteht aus der Einatmung, einer etwas längeren Ausatmung und einer kleinen Atempause zwischen Ausatmung und Einatmung."[4] Hier wird nun beim Einatmen jeweils die Silbe ›Om‹ gedacht, beim Ausatmen zunächst die Silbe ›Ah‹ und am Ende des Ausatmens sowie in der Pause danach die Silbe ›Hum‹.

Statt des Mantras kann auch der Atem selbst als Konzentrationsgegenstand verwendet werden – indem man ihn beobachtet und die einzelnen Atemzüge zählt: „Dabei zählt man 1 beim Einatmen, 2 beim Ausatmen, 3 beim Einatmen usw. bis 10. Dann fängt man wieder von vorn an."[5] In diesem Kapitel wird jedoch die Praxis des Meditierens weiterhin anhand der Mantra-Methode erläutert.

Doch auch bei der Mantra-Meditation ist nicht das Mantra entscheidend, sondern die meditative Haltung des Praktizierenden, das wache Gewahrsein dessen, was im gegenwärtigen Moment jeweils gerade im eigenen Inneren geschieht, und das nichtwertende Zulassen desselben. So lässt der Meditierende seinen Atem einfach passiv geschehen, nimmt wahr, wie er kommt und geht, und begleitet ihn mit dem Mantra. Auch das Mantra sollte dabei möglichst passiv gedacht werden. Gemeinsam mit dem Atem repräsentiert es das gegenwärtige Geschehen im eigenen Inneren. Wenn während des Meditierens Störungen auftreten, in Form von Gedanken, Fantasien, Erinnerungen, Gefühlen oder Körperempfindungen, dann sollte der Praktizierende, sobald er sie bemerkt, nur kurz Notiz von ihnen nehmen und daraufhin jeweils zum Gewahrsein des Atems und zum Denken des Mantras zurückkehren.

Die Störungen lenken den Praktizierenden zwar ab vom Gewahrsein des Atems und vom Denken des Mantras, doch sie gehören für lange Zeit genauso zur Meditation wie der Atem und das Mantra. Sie sollten nicht unterdrückt werden und sie sollten auch nicht bewertet werden. Wenn trotzdem Regungen des Unterdrückens oder Gedanken des Bewertens von solchen Störungen im

---

[4] Schwäbisch & Siems: Meditation (1976), S. 60.
[5] Schwäbisch & Siems: Meditation (1976), S. 200.

Praktizierenden auftreten, dann behandelt er diese wie alle anderen Störungen auch. Das heißt, ohne sie nun ihrerseits zu unterdrücken oder zu bewerten, nimmt er einfach kurz Notiz von ihnen und kehrt dann jeweils zum Atem und zu seinem Mantra zurück.

Die entscheidende Wirkung der Meditationspraxis ist für Schwäbisch und Siems zunächst einmal eine Entspannung von Körper und Geist – ein Zustand der tiefen Entspannung bei wachem und klarem Bewusstsein. Bewirkt wird diese Entspannung vor allem durch den Rückzug an einen ruhigen Ort, durch das einigermaßen bequeme Sitzen und durch die Konzentration auf das Mantra.

Wichtig ist für die Meditation allerdings nicht irgendeine, sondern die ›rechte Entspannung‹, eine Entspannung, die nicht in das Extrem einer Erschlaffung entgleitet. Eine solche Entspannung lässt sich beim Meditieren vor allem dadurch erreichen, dass der Körper aufrecht und der Geist aufmerksam gehalten wird.

Als hilfreiche Ergänzung für die Meditationspraxis oder auch als hilfreichen Einstieg in die jeweilige Meditationssitzung schlagen die Autoren eine körperbezogene Spürübung vor, die sie als ›eutonische Grundübung‹ bezeichnen. Bei dieser Übung wandert der Praktizierende mit seiner Aufmerksamkeit langsam und systematisch durch seinen Körper. Er verwendet dabei sein leibliches Spürvermögen wie eine geistige Hand, mit der er von innen her seinen Körper ertastet und empfindet.

Als Ergänzung zur Meditationspraxis kann die eutonische Grundübung im Liegen durchgeführt werden. Hierfür legt sich der Praktizierende mit geschlossenen Augen auf eine harte Unterlage und erspürt seinen Körper dann in zwei Durchgängen jeweils in dieser Reihenfolge: Ausgangspunkt ist der Beckenraum, welcher auch den Bauch mit umfasst. Von hier aus wandert der Praktizierende dann mit seiner Aufmerksamkeit zunächst durch das linke Bein, vom Oberschenkel über das Knie und den Unterschenkel zum Fuß und hier vom Fußgelenk bis in alle Zehen. Genauso erspürt er daraufhin das rechte Bein und den rechten Fuß. Danach kehrt er mit seiner Aufmerksamkeit in den Beckenraum zurück und wandert nun mit seinem Spürvermögen durch die Brust und den Rücken zunächst zur linken Schulter und von dort aus durch den linken Arm, vom Oberarm über den Ellenbogen und den Unterarm zur linken Hand und hier dann vom Handgelenk bis in alle ihre Finger. Daraufhin spürt er genauso auch von der rechten Schulter über den Arm in die rechte Hand. Anschließend erspürt er den Hals, den Nacken und den Hinterkopf, den Scheitel und das Gesicht – sowie abschließend den ganzen Körper noch einmal in seiner Gesamtheit.

Der erste Durchgang besteht hierbei darin, dass der Praktizierende sich in der beschriebenen Reihenfolge zunächst auf die Haut und die äußere Hülle seines Körpers einstellt. Er versucht also, die Haut selbst zu spüren sowie die Berührungsflächen der Haut mit der Unterlage und mit der Kleidung. Beim zweiten Durchgang versucht er dann, in der gleichen Reihenfolge die Innenräume seines Körpers zu ertasten. Hierfür wandert er nun mit seiner Aufmerksamkeit spiralförmig an der Innenwand der entsprechenden Körperteile entlang.

Wenn die eutonische Grundübung als Einstieg in die jeweilige Meditationssitzung angewandt wird, dann setzt sich der Praktizierende hierfür bereits in der Haltung hin, in der er dann auch meditieren will, und führt jene Übung dann in dieser Haltung durch. Auch diese Vorgehensweise beinhaltet zwei Durchgänge in der beschriebenen Reihenfolge: „Beckenraum – beide Beine nacheinander – Rumpf – Schultern und Arme – Hals – Kopf – und zum Schluss noch einmal den Beckenraum."[6] Nach dem zweiten Durchgang leitet ein deutliches ›Auspusten‹ der Luft in die eigentliche Meditation über.

Aus der körperlichen und geistigen Entspannung, welche die Praxis des Meditierens bewirkt, resultieren nun mit der Zeit weitere positive Effekte. Die Autoren führen hierzu einige wissenschaftliche Untersuchungen an, die belegen, dass regelmäßiges Meditieren über ein bis zwei Jahre hinweg vielerlei positiven Veränderungen nach sich zieht, wie beispielsweise eine Verbesserung der inneren Kontrolle, eine Verringerung von Angst, einen Zuwachs an Einfüh-

---

[6] Schwäbisch & Siems: Meditation (1976), S. 211.

lungsvermögen und ganz allgemein eine Steigerung der Selbstverwirklichung.

Besonders die Steigerung der Selbstverwirklichung ist den Autoren wichtig, denn sie empfehlen Meditation ja genau hierfür. Unter
Selbstverwirklichung oder Selbstentfaltung verstehen sie dabei die
positive Entfaltung und Verwirklichung der im eigenen Selbst angelegten Fähigkeiten und Möglichkeiten. Hierzu gehört ebenso die
schrittweise Auflösung von inneren Konflikten und unbewussten
Blockaden sowie eine zunehmende Intensivierung und zugleich auch
Akzeptierung des eigenen Erlebens. Ein solche Selbstverwirklichung
ist dabei ein Prozess, der das ganze Leben lang immer weiter
voranschreiten kann. Unter günstigen Umständen entfaltet sich dieser Prozess im Organismus und vor allem in der Psyche des jeweiligen Menschen selbstregulierend. Trotzdem bedarf er aber immer
wieder auch der aktiven Mitarbeit des jeweiligen Menschen.

In der tiefen Entspannung und in dem klaren Bewusstsein der
Meditation finden nun zwei wichtige Vorgänge statt, die förderlich
sind für eine solche Selbstverwirklichung. „Der erste ist die ›Entstressung‹, den zweiten wollen wir die ›Stärkung des Grundvertrauens‹ nennen."[7]

Das normale Tagesbewusstsein des gewöhnlichen Menschen ist
nahezu ununterbrochen angefüllt mit einem ruhelosen inneren
Denkprozess, durch den der jeweilige Mensch entweder mit der
Bewältigung oder mit der Ignorierung der Sorgen und Probleme
beschäftigt ist, die sein eigenes äußeres Leben mit sich bringt. In der
tiefen Entspannung der Meditation hingegen beruhigt sich das innere
Denken und der Meditierende gewinnt Abstand von seinen äußeren
Sorgen und Problemen. Dadurch entsteht in seinem Bewusstsein ein
freier Raum für neue Inhalte. Solche tauchen alsbald auch auf – und
zwar aus dem eigenen Unterbewusstsein. Hierbei handelt es sich
dann zumeist um angstbesetzte Fantasien oder auch Erinnerungen,

---

[7] Schwäbisch & Siems: Meditation (1976), S. 45.

die aus der eigenen Kindheit stammen, aus stressreichen oder gar traumatischen Kindheitserfahrungen.

Stressreiche oder gar traumatische Erfahrungen, die Menschen in ihrer Kindheit machen, fallen fast immer ganz oder zumindest teilweise der Verdrängung anheim. Die mit ihnen verbundenen Emotionen und Erinnerungen werden unterdrückt und stellen von da an, so die Autoren, innere Belastungen für den jeweiligen Menschen dar, die seinen Körper und seine Psyche seitdem unbewusst ständig unter Stress setzen. Dementsprechend werden sie von den Autoren auch als ›alte Stresse‹ bezeichnet: „Die meist aus der Kindheit stammenden mit Angst verbundenen und deshalb gern unterdrückten Gedanken und Fantasien wollen wir von nun an der Einfachheit halber ›alte Stresse‹ nennen."[8] Meditation bewirkt bezüglich dieser ›alten Stresse‹ eine ›Entstressung‹. Allerdings verläuft der entsprechende Prozess nicht ganz ohne Risiken und Nebenwirkungen.

Viele derjenigen Störungen, die der Praktizierende während des Meditierens erlebt, werden durch alte Stresse verursacht, die während des Meditierens in sein Bewusstsein eindringen. „Diese Störungen können bei verschiedenen Menschen unterschiedliche Inhalte haben. Der eine bekommt nur banale Alltagsgedanken, ein anderer wiedererlebt Szenen aus seiner frühesten Kindheit, noch ein anderer stößt auf (scheinbar?) sinnlose Wortreihen, während manche in die wundervollsten Fantasietrips ausschweifen."[9]

Indem der Praktizierende solche Störungen während des Meditierens entspannt und bewusst sowie möglichst nichtwertend erlebt, können sich die damit verbunden Emotionen lösen und die entsprechenden Kindheitserfahrungen können nach und nach integriert werden. Zugleich kommt es dabei auch zu einer Auflösung von unbewussten Blockaden und inneren Konflikten beim Praktizierenden.

---

[8] Schwäbisch & Siems: Meditation (1976), S. 39.
[9] Schwäbisch & Siems: Meditation (1976), S. 68.

Dieser Prozess der Entstressung läuft selbstregulativ ab. Der Meditierende braucht ihn nur bewusst erlebend und möglichst nichtwertend zuzulassen. Es ist dafür nicht notwendig, dass er sich aktiv an die jeweiligen Kindheitserfahrungen erinnert oder dass er auf andere Weise die Ursachen für jene Störungen zu entschlüsseln versucht. Im Gegenteil ist es äußerst hilfreich, wenn der Praktizierende, nachdem er eine solche Störung bemerkt hat, nur kurz Notiz von ihr nimmt und dann sogleich wieder zu seinem Mantra zurückkehrt.

Der Praktizierende sollte während des Meditierens keineswegs nach unbewussten Blockaden oder nach inneren Konflikten suchen, sondern er sollte den Prozess der Entstressung sich selbst überlassen. Dann können sich alte Stresse, die aus traumatischen Kindheitserfahrungen hervorgegangen sind, auch beispielsweise dadurch auflösen, dass in seiner Fantasie während des Meditierens wiederholt ein geometrisches Symbol auftaucht, welches in ihm Angst auslöst, oder dass er sich hier in seinem Erleben nacheinander an verschiedene Alltagssituationen erinnert, die für ihn mit Ärger verbunden sind.

Während des Meditierens auftretende Störungen sollten keineswegs unterdrückt werden, es sollte ihnen aber auch nicht weiter nachgegangen werden. „Der wichtige Prozess, den wir immer wieder lernen müssen, ist das Loslassen dieser Störungen. Das bedeutet, sobald wir sie wahrnehmen, gehen wir zurück zum Mantra. Wir analysieren sie nicht, interpretieren sie nicht und versuchen nicht, sie zu begreifen. Wir nehmen sie einfach wahr, lassen sie so, wie sie sind und lassen sie dann los, indem wir das Mantra vorziehen."[10]

Das ›Hochkommen‹ von alten Stressen wird während des Meditierens einerseits dadurch begünstigt, dass seelisch im Bewusstsein des Praktizierenden ein freier Raum entsteht, in den sie eindringen können, und andererseits auch dadurch, dass sich körperlich in der tiefen Entspannung der Meditation chronische Muskelverspannun-

---

[10] Schwäbisch & Siems: Meditation (1976), S. 69.

gen lockern. Die Verdrängung von traumatischen Erfahrungen während der Kindheit geht nämlich, so die Autoren, immer auch mit der Ausbildung von chronischen Muskelverspannungen einher, die sich gegen die mit jenen Erfahrungen verbundenen Emotionen und Erinnerungen richten. Durch die chronischen Muskelverspannungen werden jene Emotionen und Erinnerungen gleichsam festgehalten und damit unbewusst gehalten. In der Meditation können sich solche chronischen Muskelverspannungen wieder lockern, sodass die durch sie festgehaltenen Emotionen und Erinnerungen nun als alte Stresse aufsteigen und entsprechende Störungen bilden.

Dies bedeutet aber auch, dass die Störungen während des Meditierens nicht nur in Form von seelischen Inhalten auftreten können, wie etwa in Form von ablenkenden Gefühlen oder Fantasien, sondern auch in Form von körperlichen Prozessen, wie etwa in Form von irritierenden Schmerzen oder Zuckungen.

Wenn die Störungen, die während des Meditierens durch die Entstressung auftreten, eine gewisse Intensität oder Dauer überschreiten, sollten sie als Symptome betrachtet werden. „In der Meditation lösen sich alte Stresse, und wir müssen mit Symptomen dieser Entstressung rechnen."[11] Diese Entstressungssymptome bilden sozusagen Risiken und Nebenwirkungen des Meditierens. Sie können während des Meditierens selbst auftreten oder auch im Alltag zwischen den einzelnen Meditationssitzungen.

Zu den Entstressungssymptomen, die Schwäbisch und Siems nennen, gehören vor allem Zuckungen und Zittern der Muskeln, Kribbeln oder Pulsieren in verschiedenen Körperregionen, Kopfschmerzen und Rückenschmerzen, Nervosität und Gereiztheit sowie starke Gefühle von Angst, Traurigkeit, Einsamkeit, Ärger oder Niedergeschlagenheit. Die meisten Meditierenden erleben solche Symptome nur selten und in geringer Ausprägung, sodass sie bei ihnen von positiven Gefühlen der Ruhe und Entspannung durch die Meditation überwogen werden. Bei manchen Meditierenden werden

---

[11] Schwäbisch & Siems: Meditation (1976), S. 71.

sie aber zeitweilig so stark, dass sie vorübergehend Hilfe brauchen, um sie wirklich durchleben und integrieren zu können.

Grundsätzlich empfehlen die Autoren, auch bezüglich der Entstressungssymptome auf die selbstregulierende Kraft des eigenen Körpers und der eigenen Psyche zu vertrauen. So sollte der Praktizierende keine Angst vor jenen Symptomen haben und sie möglichst nichtwertend einfach durchleben, wenn sie bei ihm auftreten. Während des Meditierens nimmt er auch solche Symptome möglichst nur kurz wahr und kehrt dann mit seiner Aufmerksamkeit möglichst wieder zurück zum Atem und zum Mantra.

Der Entstressungsprozess, der durch das Meditieren bewirkt wird, kann manchmal durchaus unangenehm sein, besonders wenn entsprechende Symptome auftreten. Mit der Zeit führt er aber dazu, dass sich der Körper und die Psyche des Praktizierenden immer mehr und wirklich nachhaltig von den inneren Belastungen durch alte Stresse befreien. Außerdem bewirkt Meditieren nicht nur eine Entstressung, sondern auch eine Stärkung des Grundvertrauens.

Die Stärkung des Grundvertrauens ergibt sich in der Meditation wie von selbst aus der tiefen Entspannung: „Je tiefer wir entspannen, desto stärker geraten wir in einen Zustand der Gelöstheit und Wohligkeit."[12] Diesen Zustand kann man in der Meditation sowohl seelisch wie auch körperlich erfahren. „Sorgen, Angst und Probleme fallen von einem ab, der Körper fühlt sich unbeschwert und angenehm an, man erlebt sich als sicher, geborgen und geschützt."[13]

Insgesamt handelt es sich dabei um eine Erfahrung von Grundvertrauen, und je öfter der Meditierende diese Erfahrung macht, desto mehr führt sie bei ihm auch zu einer allgemeinen Stärkung seines Grundvertrauens. Diese wiederum führt von innen her nach und nach zu positiven Veränderungen in seiner Persönlichkeit und hier vor allem zu einem Zuwachs an Selbstakzeptierung und Selbstsicherheit. Der Meditierende entwickelt mit der Zeit ganz von allein

[12] Schwäbisch & Siems: Meditation (1976), S. 50.
[13] Schwäbisch & Siems: Meditation (1976), S. 50.

immer mehr Wertschätzung für sich selbst und immer mehr Zutrauen zu sich selbst.

Der Prozess des Meditierens bringt den Praktizierenden zunehmend in seine eigene Mitte. Durch die Entstressung lösen sich die inneren Blockaden und Konflikte, die ihn von seiner Mitte fernhalten, und die Stärkung des Grundvertrauens hilft ihm dabei, sich wirklich auf seine eigene Mitte einzulassen. „Entstressung und die Stärkung des Grundvertrauens sind im Grunde genommen zwei Seiten derselben Medaille. Während im Entstressungsprozess die Gründe für Misstrauen und Selbstverneinung ausgeschwemmt und erledigt werden, werden auf der anderen Seite gerade die fehlenden Gefühle der Selbstakzeptierung und des Vertrauens in der Meditation angereichert."[14]

Das Zentrum der eigenen Mitte ist der mystische Kern des Menschen. Wenn wir in einer Meditationssitzung oder auch im Alltag zwischen solchen Sitzungen tatsächlich einmal für einige Momente direkt in das Zentrum unserer Mitte geraten, dann erweist sich dieses als transzendent und als leer. „Wir gelangen genau zu unserem Mittelpunkt und erleben dort vollständige Stille."[15] Das Erleben der vollständigen Stille ist hier zugleich ein Erleben des umfassenden Einsseins. „Wir transzendieren unsere Persönlichkeit und gelangen in einen Zustand, der verschieden von unserem normalen Bewusstsein ist. Unser Bewusstsein ist erweitert, und wir verlassen für einige Momente die Identifikation mit unserer individuellen formgewordenen Persönlichkeit. In diesen Momenten ist weder Mantra noch ein Gedanke als Inhalt unseres Bewusstseins vorhanden."[16] Wir sind dann vollkommen leer – nur noch klares, waches Bewusstsein ohne irgendwelche Bewusstseinsinhalte.

Solche Transzendenzerfahrungen sind wie Geschenke, die dem Meditierenden mitunter zuteil werden mögen – manchmal bereits

---

[14] Schwäbisch & Siems: Meditation (1976), S. 146.

[15] Schwäbisch & Siems: Meditation (1976), S. 118.

[16] Schwäbisch & Siems: Meditation (1976), S. 119.

kurze Zeit, nachdem er mit der Praxis begonnen hat, oft jedoch erst nach vielen Jahren des Meditierens. In der Zwischenzeit führt die Praxis des Meditierens aber auch unabhängig von solchen Transzendenzerfahrungen allein schon durch den Vorgang der Entstressung und durch die Stärkung des Grundvertrauens zu einer Steigerung der Selbstentfaltung beim Meditierenden.

Selbstentfaltung lässt sich als ein Weg veranschaulichen, auf dem der jeweilige Mensch sein eigenes Selbst verwirklicht. Dieser Weg besteht aus der positiven Entfaltung und Verwirklichung der im eigenen Selbst angelegten Fähigkeiten und Möglichkeiten. Meditieren steigert eine solche Selbstentfaltung sowohl durch den Prozess der Entstressung wie auch durch die Stärkung des Grundvertrauens. Durch den Prozess der Entstressung lösen sich die inneren Konflikte und unbewussten Blockaden, die einer positiven Verwirklichung der eigenen Fähigkeiten entgegenstehen, und mit der Stärkung des Grundvertrauens wachsen die Selbstakzeptierung und die Selbstsicherheit, die für eine positive Verwirklichung der eigenen Fähigkeiten förderlich sind. Welche Möglichkeiten der jeweilige Mensch dann zur positiven Entfaltung bringt, ergibt sich aus seinem eigenen Selbst. Jeder Mensch erweist sich hier als ein einzigartiges Individuum mit einzigartigen Fähigkeiten. „Auf dem Weg der Selbstentfaltung wird sich jeder immer mehr auf ein einzigartiges Individuum hin entwickeln."[17]

Diese Entwicklung verläuft einerseits selbstregulativ von innen her, sie bedarf andererseits aber trotzdem nach außen hin der aktiven Mitarbeit des jeweiligen Menschen. Die einzigartigen Fähigkeiten und Möglichkeiten des eigenen Selbst können sich nur dann verwirklichen, wenn der jeweilige Mensch sie in seinem Alltag durch ein aktives Üben und Handeln zur positiven Entfaltung bringt.

Eine tiefgreifende Selbstentfaltung beinhaltet zudem für jeden von uns, der sich darauf einlässt, immer auch, dass wir unterwegs mit manchen Gefühlen und Facetten unseres Selbst konfrontiert werden,

---

[17] Schwäbisch & Siems: Meditation (1976), S. 182.

die uns negativ erscheinen und die wir bislang nicht wahrhaben wollten. Solche inneren Konfrontationen gehören zu den Risiken und Nebenwirkungen auf dem Weg der Selbstentfaltung und sie bilden zugleich auch weitere Risiken und Nebenwirkungen der Praxis des Meditierens. Zustande kommen diese inneren Konfrontationen nicht zuletzt dadurch, dass mit der Praxis des Meditierens, wie Schwäbisch und Siems festgestellt haben, die Achtsamkeit auch im Alltag automatisch zunimmt: „Durch die Meditation wird ganz von selbst eine Erhöhung der Bewusstheit im Alltag erreicht."[18] Diese betrifft unausweichlich immer auch das eigene Selbst. „Die Erhöhung unserer Bewusstheit durch die Meditation lässt uns im Alltag Aspekte von uns wahrnehmen, die uns negativ erscheinen und die wir keineswegs sehen wollen."[19]

Langfristig bewirkt Meditation eine Stärkung des eigenen Grundvertrauens und eine Erhöhung der eigenen Selbstsicherheit. Wir lernen uns selbst und damit unser Selbst durch Meditieren tiefgreifender kennen und zunehmend wertzuschätzen. Doch der Weg dorthin ist keineswegs ein gradliniger. Er beinhaltet manche Entdeckungen, die uns zunächst unangenehm sind, wie etwa die folgenden: „Wir sind aggressiver als wir dachten, haben mehr Traurigkeit in uns, als wir je zu träumen wagten, fühlen uns kleiner und hilfloser, als wir uns als Erwachsene zugestehen möchten."[20] Ein Mann, der sich für stark und zielstrebig hält, mag unsichere und sanfte Anteile in sich entdecken; eine Frau, die sich für bescheiden und zurückhaltend hält, entdeckt ihre fordernden und zupackenden Anteile.

Die meisten Menschen, die solche Entdeckungen bezüglich ihres Selbst machen, können die entsprechenden Gefühle oder Facetten von sich nach und nach akzeptieren und integrieren, indem sie einfach damit fortfahren zu meditieren. Manche benötigen hierfür aber auch vorübergehend Hilfe.

---

[18] Schwäbisch & Siems: Meditation (1976), S. 147.
[19] Schwäbisch & Siems: Meditation (1976), S. 152.
[20] Schwäbisch & Siems: Meditation (1976), S. 157.

Je mehr ein Mensch auf dem Weg der Selbstentfaltung auch solche Facetten und Gefühle von sich akzeptiert und integriert, die er zuvor nicht wahr haben wollte, desto mehr bewirkt dieser Prozess bei ihm darüber hinaus ganz allgemein eine zunehmende Intensivierung und Akzeptierung des eigenen Erlebens. Die Intensivierung des eigenen Erlebens, die sich durch das Meditieren ergibt, sollte nun ebenfalls vonseiten des Meditierenden durch eigene aktive Mitarbeit unterstützt werden. Diese Mitarbeit besteht hier im Ausdruck der jeweiligen Gefühle oder auch Impulse. „Zur Selbstentfaltung gehört neben der bewussteren Wahrnehmung der eigenen Gefühle und Impulse auch deren Ausdruck."[21]

Dies gilt nicht nur für positive Gefühle, sondern mindestens genauso auch für negative: „Versuchen Sie also nicht, wenn Sie meditieren, im Alltag auftretende Gefühle von Ärger, Angst, Traurigkeit und Schmerz zu verbergen, sondern nehmen Sie sie nichtwertend wahr, drücken Sie sie aus, und lassen Sie sie dann los. Sie werden dann frei für ein größeres Ausmaß an positiven Gefühlen wie Freude, Liebe und Vertrauen."[22]

Allerdings kann der Ausdruck von eigenen Gefühlen oder auch Bedürfnissen auch zu Konflikten mit den Mitmenschen führen. Damit ergeben sich noch einmal neue Risiken und Nebenwirkungen des Meditierens. Sie bestehen darin, dass der Praktizierende in seinem Alltag in zwischenmenschliche Konflikte geraten kann, aufgrund von eigenen Gefühlen oder Bedürfnissen, die ihm ohne das Meditieren überhaupt nicht bewusst geworden wären.

Reduziert werden können diese Risiken und Nebenwirkungen, indem der Praktizierende den Ausdruck der eigenen Gefühle und Impulse verantwortungsbewusst gestaltet. Hilfreich ist es hier vor allem, wenn er jene dabei möglichst klar und direkt in Worte fasst und sie auch wirklich als eigene Gefühle oder Impulse wahrnimmt und benennt.

---

[21] Schwäbisch & Siems: Meditation (1976), S. 157.
[22] Schwäbisch & Siems: Meditation (1976), S. 157.

Die Erhöhung der Bewusstheit im Alltag, die durch das Meditieren bewirkt wird, kann uns bei einer solchen verantwortungsbewussten Kommunikation helfen. Sie führt nach und nach dazu, dass wir unsere Gefühle und Impulse im Alltag nicht mehr immer automatisch entweder ausdrücken oder unterdrücken, sondern dass wir uns ihrer erst einmal innerlich gewahr werden. „Durch die Übung der Meditation entsteht also eine Deautomatisierung – die Trennung der Verquickung von Impuls und der darauf folgenden Handlung. Dadurch erhöht sich zum einen unsere Bewusstheit für unsere inneren Impulse, und zum anderen erhalten wir eine größere innere Kontrolle darüber, wie wir diese Impulse ausleben wollen."[23]

Beim Prozess des Meditierens selbst ergibt sich durch die Übung der Meditation außerdem nach und nach auch eine Disidentifikation. So kommt es hier dazu, dass sich der Meditierende immer weniger automatisch mit allen Gedanken und Gefühlen identifiziert, sobald sie in ihm auftreten. „Je mehr wir unsere Gedanken und Gefühle annehmen, desto stärker wird uns bewusst, dass wir nicht diese Gedanken und Gefühle sind, sondern dass wir ja selbst diese Gedanken denken und diese Gefühle fühlen – mit anderen Worten, wir sind die Denker und Fühler. Wir sind die Produzenten und die Beobachter unserer Gedanken und Gefühle."[24]

Der innere Beobachter erwächst dabei zumindest teilweise aus dem inneren Kritiker. Viele Menschen neigen dazu, sich selbst innerlich beinahe ständig zu kritisieren. Aus dieser ablehnend kritischen Haltung sich selbst gegenüber wird bei denjenigen, die Meditation praktizieren, nach und nach eine wohlwollend nichtwertende Haltung: „Da, wo wir sonst mit kalter, kritischer Bewusstheit uns selbst betrachten, lernen wir, mit einem warmen und akzeptierenden Blick auf uns zu sehen."[25]

[23] Schwäbisch & Siems: Meditation (1976), S. 161.
[24] Schwäbisch & Siems: Meditation (1976), S. 181.
[25] Schwäbisch & Siems: Meditation (1976), S. 173.

Gipfelerlebnisse und Flow-Erfahrungen

Zustände von Achtsamkeit sind nicht die einzige Art von Zuständen, die gekennzeichnet ist durch ein nichtwertendes Gewahrsein der eigenen Erfahrung beziehungsweise des eigenen Erlebens und Verhaltens im Hier und Jetzt. Zwei weitere solche Arten von Zuständen sind die Gipfelerlebnisse und die Flow-Erfahrungen. Gipfelerlebnisse wurden von Abraham H. Maslow bereits seit den 1930er Jahren erforscht und Flow-Erfahrungen von Mihaly Csikszentmihalyi hauptsächlich in den 1970er und 1980er Jahren.

Die Häufigkeit, mit der solche Zustände auftreten, ist sehr unterschiedlich: Die meisten Menschen können, mit ein bisschen Übung, leicht einen Zustand von Achtsamkeit verwirklichen, während ihnen Flow-Erfahrungen nur sehr selten zuteil werden. Es gibt jedoch auch nicht wenige Menschen, die sich noch nie darum bemüht haben, gezielt in einen Zustand von Achtsamkeit zu gelangen, die aber trotzdem ziemlich leicht oder sogar fast regelmäßig in einen Flow-Zustand geraten. Gipfelerlebnisse hingegen treten bei fast allen Menschen äußerst selten auf, oft nur ein einziges Mal oder ein paar Mal in ihrem Leben.

So handelt es sich bei den Gipfelerlebnissen um jene herausragenden Grenzerfahrungen im Leben eines Menschen, die er selbst als seine wunderbarsten betrachtet. Wie Abraham H. Maslow herausgefunden hat, haben diese Erlebnisse bei allen Menschen gewisse Merkmale gemeinsam, in denen sie sich zugleich von allen gewöhnlichen Erlebnissen unterscheiden. Zu diesen Merkmalen gehört auch, dass sie ein nichtwertendes Gewahrsein der eigenen Erfahrung im Hier und Jetzt beinhalten.

Das Auftreten von Gipfelerlebnissen ereignet sich nach Maslow in sehr unterschiedlichen Arten von Situationen, vor allem in ziemlich außergewöhnlichen, manchmal aber ebenso in ganz alltäglichen. Zu den außergewöhnlichen Situationen, die mitunter Gipfelerlebnisse auslösen, gehören beispielsweise manche derjenigen, in denen Musik erfahren oder gemacht wird. So kann ein Mensch etwa ein

Gipfelerlebnis haben, während er ein großartiges Werk klassischer Musik hörend genießt, oder auch, wenn ihm das aktive Musizieren, etwa in einem Orchester, perfekt gelingt. In der Sexualität kann der Orgasmus zu einem wunderbaren Gipfelerlebnis geraten und im Leistungssport kann ein solches Erlebnis während eines besonderen Triumphes auftreten. Gipfelerlebnisse, die einem Menschen im gewöhnlichen Alltag zuteil werden, ereignen sich dort vorzugsweise in einem Moment des Innehaltens nach einer turbulenten und zugleich befriedigenden Aktivität.

Die Gipfelerlebnisse selbst sind innere Zustände eines reinen und in sich vollständigen Seins, Zustände von Einfachheit und Lebendigkeit sowie von Mühelosigkeit und Selbstgenügsamkeit. Die Art des Erkennens, die in solchen Zuständen stattfindet, wird von Maslow als Seins-Erkennen oder kurz als S-Erkennen bezeichnet. Es handelt sich dabei um ein Erkennen, das weder wertet noch kategorisiert: „S-Erkennen kann auch nicht vergleichende oder nicht auswertende oder nicht urteilende Erkenntnis genannt werden."[26]

Als Zustände eines reinen Seins sind die Gipfelerlebnisse zugleich auch Zustände eines intensiven Gegenwärtigseins: „In Grenzerfahrungen ist der Einzelne am meisten jetzt und hier, am freiesten von der Vergangenheit und von der Zukunft in ihren verschiedenen Bedeutungen, am meisten ›ganz da‹ in der Erfahrung."[27] Es besteht in solchen Zuständen nach Maslow eine geradezu totale Aufmerksamkeit.

Allerdings ist das Erleben der Zeit gerade in Gipfelerfahrungen auch ziemlich paradox. Der jeweilige Mensch erlebt sich nämlich in solchen Erfahrungen nicht nur ganz im Hier und Jetzt, sondern zugleich auch als außerhalb von Raum und Zeit. Außerdem hat er einerseits während solcher Erfahrungen das Gefühl, als würde die Zeit geradezu stillstehen, und andererseits hinterher das Gefühl, als wäre sehr viel Zeit vergangen. Ähnlich paradox ist das Erleben des

[26] Maslow: Psychologie (1973), S. 87.
[27] Maslow: Psychologie (1973), S. 117 f.

eigenen Selbst in Gipfelerfahrungen. Während einer solchen Erfahrung fühlt sich der Mensch einerseits in seinem Ich integrierter als gewöhnlich und verschmilzt doch andererseits auch leichter mit seiner Umgebung. Außerdem fühlt er sich mächtiger und zugleich hilfloser als normalerweise. Insgesamt lassen sich Gipfelerfahrungen zudem nicht nur als einfach charakterisieren, sondern auch als reichhaltig.

Doch solche Erlebnisse können nicht absichtlich gemacht werden; sie treten höchstens spontan auf – und dann immer überraschend. „Kann man diese Erfahrungen willentlich herbeiführen?", fragt Maslow und antwortet: „Nein! Oder fast gänzlich Nein!"[28]

Flow-Erfahrungen hingegen treten zwar sehr viel leichter und häufiger auf als Gipfelerlebnisse, sie können aber ebenfalls nicht einfach hergestellt oder absichtlich herbeigeführt werden. Im Unterschied zu Gipfelerlebnissen sind sie jedoch nicht so sehr mit bestimmten Arten von Situationen verbunden, als vielmehr mit bestimmten Arten von Tätigkeiten – und zwar mit ziemlich oder sogar äußerst anspruchsvollen Tätigkeiten.

Gerade bei anspruchsvollen Tätigkeiten kann es mitunter dazu kommen, dass der jeweilige Mensch mit seinem Bewusstsein vollständig in seinem Tun aufgeht – und damit in einen Flow-Zustand gerät: „Das vielleicht deutlichste Anzeichen von *Flow* ist das Verschmelzen von Handlung und Bewusstsein."[29] Der entsprechende Zustand geht für gewöhnlich einher mit einem Gefühl der Freude oder sogar des Glücks. Die Intensität von Flow-Zuständen ist unterschiedlich.

Ein Verschmelzen von Handlung und Bewusstsein wird vor allem durch solche Tätigkeiten begünstigt, die einerseits dem jeweiligen Menschen selbst als anspruchsvoll erscheinen und die andererseits zugleich auch klar strukturiert sind. Die jeweilige Tätigkeit sollte mit ihren Anforderungen den Kompetenzen des betreffenden Menschen

[28] Maslow: Lernerfahrungen (1983), S. 137.

[29] Csikszentmihalyi: Erlebnis (2000), S. 61.

entsprechen und ihn in seinem Können herausfordern. Beispiele für Tätigkeiten, durch die manche Menschen in einen Flow-Zustand gelangen, sind etwa Schach spielen oder Gartenarbeit verrichten, Klettern an einer Felswand im Gebirge oder Durchführen einer Operation in einem Krankenhaus, Tennis spielen oder Ballett tanzen, Musikstücke komponieren oder Zahlenrätsel lösen.

Jede anspruchsvolle Tätigkeit macht es erforderlich, dass wir ihr unsere gesamte Aufmerksamkeit widmen. Es bleibt dann in unserem Geist oder Bewusstsein kein Platz mehr für irgendeine Beschäftigung mit der Vergangenheit oder mit der Zukunft oder für irgendwelche Tagträumereien. Doch entscheidend für einen Flow-Zustand ist nicht nur, dass wir während unseres Tuns ganz in der Gegenwart sind, sondern auch, dass wir uns dabei gleichsam selbst vergessen.

Wenn wir eine anspruchsvolle Tätigkeit ausführen und ihr unsere gesamte Aufmerksamkeit widmen, dann sind wir dabei normalerweise in unserem Geist oder Bewusstsein trotzdem nicht nur mit der Ausführung der jeweiligen Tätigkeit beschäftigt, sondern nehmen währenddessen gleichzeitig auch noch selbst dazu Stellung, indem wir unser Tun innerlich fortlaufend kommentieren oder infrage stellen und indem wir uns selbst in unserem Tun innerlich ständig bewerten und dabei zumeist vor allem kritisieren. Durch dieses Stellung-Nehmen erleben wir uns selbst innerlich als getrennt von unserem Tun – und erst wenn es aussetzt, vergessen wir uns sozusagen selbst und verschmelzen in unserem Bewusstsein mit unserer Handlung. Das Flow-Erleben setzt also bei einer anspruchsvollen Tätigkeit immer genau dann ein, wenn das innere Stellung-Nehmen verschwindet.

Im Flow-Zustand folgt Handlung auf Handlung, und zwar nach einer inneren Logik, die sich aus den Anforderungen der jeweiligen Tätigkeit wie von selbst ergibt. Aus den Stimuli, die die äußeren Umstände hier jeweils liefern, gehen die passenden Reaktionen des jeweiligen Menschen aufgrund seiner Kompetenzen quasi automatisch hervor.

Der Mensch, der in einen Flow-Zustand gelangt, wird von diesem Geschehen völlig gebannt. „Er erlebt den Prozess als ein einheitliches ›Fließen‹ von einem Augenblick zum nächsten, wobei er Meister seines Handelns ist und kaum eine Trennung zwischen sich und der Umwelt, zwischen Stimulus und Reaktion, oder zwischen Vergangenheit, Gegenwart und Zukunft verspürt."[30]

So verändert sich auch während einer Flow-Erfahrung das Erleben der Zeit – und zwar ziemlich ähnlich wie während eines Gipfelerlebnisses: Wenn ein Mensch mit seinem Bewusstsein in seinem Tun vollständig aufgeht, dann befindet er sich nicht nur in einem Zustand von Selbstvergessenheit, sondern er verliert dabei außerdem fast immer jegliches Zeitgefühl. Hinterher wundert er sich dann oft, wie viel Zeit während seiner Flow-Erfahrung vergangen ist. Mitunter scheinen ihm hier mehrere Stunden nur wenig Minuten lang gedauert zu haben.

Die eigene Aufmerksamkeit ist bei einer Flow-Erfahrung nicht nur vollständig auf die jeweilige Tätigkeit hin ausgerichtet, sondern sie ist auf diese Tätigkeit auch eingeengt. Dementsprechend sind bei einer solchen Erfahrung nicht nur alle irrelevanten Gedanken aus dem Bewusstsein ausgeschlossen, sondern es werden hier alle irrelevanten Wahrnehmungen ebenfalls fortlaufend ausgefiltert. Der jeweilige Mensch befindet sich während einer Flow-Erfahrung bewusstseinsmäßig wie in einer Blase, in der für ihn nur die jeweilige Tätigkeit existiert und in der er beinahe nichts von dem mitbekommt, was außerhalb davon passiert.

Trotzdem sind sich viele Menschen während einer Flow-Erfahrung durchaus auch ihrer inneren Vorgänge besonders intensiv bewusst, hier aber ebenfalls wiederum nahezu ausschließlich jener inneren Vorgänge, die unmittelbar mit der jeweiligen Tätigkeit verbunden sind. Tritt eine Flow-Erfahrung etwa beim Klettern auf, dann ist sich der jeweilige Mensch zugleich fortlaufend seiner mit dem Klettern verbundenen Muskelbewegungen bewusst, tritt sie beim Schachspielen auf, so ist er sich zugleich auch der damit einhergehenden Denkvorgänge bewusst.

[30] Csikszentmihalyi: Erlebnis (2000), S. 59.

Weil das bewertende innere Stellung-Nehmen bei einer Flow-Erfahrung verschwunden ist, ist das Gewahrsein der eigenen inneren Vorgänge bei einer Flow-Erfahrung stets ein nichtwertendes. Dementsprechend beinhaltet jede Flow-Erfahrung immer auch ein zwar auf die jeweilige Tätigkeit eingeengtes, aber dafür umso intensiveres nichtwertendes Gewahrsein des eigenen Verhaltens sowie oft auch des eigenen Erlebens von Moment zu Moment.

Vermehrte Achtsamkeit durch eine tiefgreifende Selbstverwirklichung

In jedem Menschen gibt es eine innere Kraft der Entwicklung und der Weiterentwicklung. Diese Kraft wirkt in uns bereits, während wir uns noch im Mutterleib befinden, und sie wirkt in uns weiter während der Kindheit und der Jugend bis in unser Erwachsenenleben hinein. Aufgrund dieser Kraft wollen wir beispielsweise Laufen lernen und Sprechen. Später führt sie dazu, dass wir unsere Pubertät erleben und durch sie hindurch zur Adoleszenz gelangen. Selbstverwirklichung bedeutet, dass diese Kraft der Entwicklung auch in unserem Erwachsenleben noch weiter wirkt bis in unser hohes Alter hinein.

Die erste größere psychologische Untersuchung zur Selbstverwirklichung wurde von Abraham H. Maslow durchgeführt und von ihm in den 1950er Jahren durch sein Buch *Motivation und Persönlichkeit* bekannt gemacht. Er beschreibt darin Selbstverwirklichung „lose als die volle Anwendung und Nutzung der Talente, Kapazitäten und Fähigkeiten"[31].

Außerdem beschreibt Maslow in dem genannten Buch die Selbstverwirklichung als ein Grundbedürfnis des Menschen. Als ein

---

[31] Maslow: Motivation (1977), S. 217.

solches befindet sie sich in einer Bedürfnishierarchie oberhalb von anderen Grundbedürfnissen, wie beispielsweise Hunger und Durst oder auch dem Bedürfnis nach Achtung. Diese anderen Grundbedürfnisse lassen sich nach Maslow allesamt als Defizit-Bedürfnisse charakterisieren, also als solche Bedürfnisse, bei denen ein Mangel auszugleichen ist, wie etwa ein Mangel an Nahrung oder auch ein Mangel an Achtung. Doch wenn alle diese Defizit-Bedürfnisse befriedigt sind, kann trotzdem eine neue Unzufriedenheit oder Unruhe auftreten, wenn der jeweilige Mensch nicht das tut, wofür gerade er als Individuum geeignet ist: „Musiker müssen Musik machen, Künstler malen, Dichter schreiben, wenn sie sich letztlich in Frieden mit sich selbst befinden wollen. Was ein Mensch sein *kann*, *muss* er sein. Er muss seiner eigenen Natur treu bleiben. Dieses Bedürfnis bezeichnen wir als Selbstverwirklichung."[32]

Das Bedürfnis nach Selbstverwirklichung ist, anders als die anderen Grundbedürfnisse, ein Wachstums-Bedürfnis. Bei diesem Bedürfnis geht es um Weiterentwicklung und um eine positive Entfaltung der im eigenen Selbst oder in der eigenen Natur angelegten Fähigkeiten und Möglichkeiten.

Nach Maslow können und wollen Menschen ihrem Bedürfnis nach Selbstverwirklichung umso leichter und umso eher nachkommen, je besser und vollständiger bei ihnen die anderen Grundbedürfnisse befriedigt sind. Alle Grundbedürfnisse des Menschen sind in der Bedürfnishierarchie von Maslow entsprechend ihrer Dringlichkeit auf verschiedenen Ebenen angeordnet. Am dringlichsten sind für den Menschen die körperlichen Bedürfnisse der Selbsterhaltung, also etwa jene nach Atemluft, Nahrung und Schlaf. Sie befinden sich mit dem Bedürfnis der Sexualität auf der untersten Ebene. Auf den mittleren Ebenen der Bedürfnishierarchie befinden sich psychologische Bedürfnisse wie diejenigen nach Sicherheit, Zugehörigkeit und Achtung. Das Bedürfnis nach Selbstverwirklichung bildet hier die

---

[32] Maslow: Motivation (1977), S. 88 f.

oberste Ebene. Abbildung 7 veranschaulicht diese Bedürfnishierarchie von Maslow grafisch.

Abbildung 7: Die Bedürfnishierarchie von Maslow

In jedem Menschen gibt es ein Verlangen danach, sein Leben frei zu gestalten, und außerdem hat jeder Mensch auch bestimmte Begabungen oder Talente, die manchmal ganz offenkundig sind und manchmal eher verborgen. Bei diesen Talenten kann es sich etwa um eine besondere Veranlagung zur Mathematik handeln oder auch um eine reiche Fantasie, um ein sportliches Talent oder ein warmherziges Einfühlungsvermögen, um eine musikalische Begabung oder einen liebevollen Humor. Insgesamt bilden solche Talente bei jedem Menschen wesentliche Aspekte seines psychischen Selbst sowie seiner angeborenen Natur.

Selbstverwirklichung, wie Maslow sie versteht, ist nun die Entfaltung der eigenen Talente in einem selbstbestimmten Leben und ihre Nutzung zum eigenen Wohl sowie auch zum Wohl der Mitmenschen. Es geht hier darum, das eigene Leben durch eigene Entscheidungen möglichst weitgehend selbst zu gestalten und dabei von möglichst vielen der eigenen Begabungen einen guten Gebrauch zu machen. Entsprechende Möglichkeiten zur Selbstverwirklichung können beispielsweise in einer kreativen Tätigkeit im Beruf gefunden werden oder in einer künstlerischen Tätigkeit als Hobby, im sozialen Engagement für die Gemeinde oder in der einfühlsamen Erziehung von Kindern.

Die Erkenntnisse von Maslow zur Selbstverwirklichung führten maßgeblich mit zur Begründung der Humanistischen Psychologie. In den einzelnen Therapieverfahren der Humanistischen Psychologie, wie etwa in der Gestalttherapie oder in der Transaktionsanalyse, zeigte sich nun, dass es oftmals tiefere, in der eigenen Persönlichkeit des betreffenden Menschen liegende Gründe dafür gibt, wenn manche seiner psychischen Grundbedürfnisse dauerhaft unbefriedigt bleiben, oder dafür, wenn manche der in ihm angelegten Fähigkeiten von ihm nicht verwirklicht werden können.

Diese tieferliegenden Gründe bestehen aus inneren unbewussten Konflikten und Einschränkungen sowie unbewussten inneren Blockaden und Abspaltungen, welche allesamt wiederum jeweils aus schwierigen oder gar traumatischen Kindheitserfahrungen hervorgegangen sind. So bleiben beispielsweise manche der eigenen psychischen Grundbedürfnisse, etwa nach Zugehörigkeit oder Achtung, gegebenenfalls vor allem deshalb dauerhaft unbefriedigt, weil sie bereits in der Kindheit traumatisiert wurden – und manche eigenen Fähigkeiten können mitunter vor allem deshalb nicht verwirklicht werden, weil die entsprechenden Anteile der eigenen Persönlichkeit, die jene Fähigkeiten verkörpern, bereits in der Kindheit abgespalten wurden.

Wenn solche traumatisierten Bedürfnisse irgendwann doch noch befriedigt werden sollen oder solche abgespaltenen Fähigkeiten irgendwann doch noch verwirklicht werden sollen, dann muss die eigene Selbstverwirklichung hierfür tiefgreifend vonstatten gehen. Es ist hierfür eine Aufarbeitung der unbewussten Konflikte und Einschränkungen sowie der unbewussten Blockaden und Abspaltungen vonnöten. Eine solche tiefgreifende Selbstverwirklichung kann gegebenenfalls durch eine entsprechende Psychotherapie unterstützt werden – oder auch durch eine tägliche Meditationspraxis.

Menschen unterscheiden sich sehr darin, wie umfassend, weitreichend und tiefgreifend sie sich selbst verwirklichen wollen und können. Dies hängt sowohl von den äußeren Umständen ab, auf die sie in ihrem Leben treffen, als auch von den Prioritäten, die sie selbst für ihr Leben setzen.

Diejenigen Menschen, denen eine tiefgreifende Selbstverwirklichung gelungen ist, geraten leichter in einen Flow-Zustand, es wird ihnen häufiger einmal ein Gipfelerlebnis zuteil – und sie gelangen auch vermehrt in einen Zustand von Achtsamkeit.

Eine tiefgreifende Selbstverwirklichung führt zur Autonomie. Der jeweilige Mensch erreicht hier Autonomie sowohl gegenüber den einschränkenden Prägungen seiner Vergangenheit als auch gegenüber manipulativen Verhaltensweisen vonseiten seiner Mitmenschen.

Nach Eric Berne, dem Begründer der Transaktionsanalyse, manifestiert sich eine solche Autonomie „in der Freisetzung oder Wiedergewinnung von drei Fähigkeiten: Bewusstheit, Spontaneität und Intimität"[33]. Diese Fähigkeiten sind die zentralen Qualitäten einer gelungenen tiefgreifenden Selbstverwirklichung. Die Transaktionsanalytikerinnen Muriel James und Dorothy Jongeward erläutern sie folgendermaßen.

Bewusstheit bedeutet so viel wie Achtsamkeit: „Ein bewusster Mensch ist ganz da und ganz bewusst. Körper und Geist reagieren übereinstimmend auf das Hier und Heute."[34] Er ist, wenn er mit seinem Körper etwas tut, auch mit seinem Geist dabei und nicht in Gedanken ganz woanders.

---

[33] Berne: Spiele (1970), S. 244.

[34] James & Jongeward: Spontan leben (1974), S. 298.

Er sagt nicht mit lächelndem Gesicht zornige Worte.

Er runzelt nicht die Stirn, wenn die Situation ein Lachen herausfordert.

Er schlingt nicht das Essen herunter, um dann etwas zu tun, was ›wirklich wichtig ist‹.

Er denkt nicht an einen wichtigen Geschäftsbrief, während er mit jemandem schläft.

Er träumt nicht von dem, was gestern Nacht geschah, während er diesen wichtigen Brief im Büro schreibt.

Er trägt keine rosarote Brille, um die harten Tatsachen des Lebens nicht sehen zu müssen.[35]

Ein bewusster Mensch hört auf die Empfindungen seines Körpers und weiß, wann er sich verkrampft und wann er sich entspannt, wann er sich öffnet und wann er sich verschließt. „Er kennt seine innere Welt der Gefühle und Fantasien und empfindet über sie weder Furcht noch Scham."[36] Außerdem hört ein bewusster Mensch auch seine Mitmenschen. Wenn ein anderer Mensch redet, hört er ihm bewusst zu. Er beschäftigt sich nicht währenddessen in seinen Gedanken damit, sich eine Frage auszudenken oder Gegenargumente zu finden. „Statt dessen versucht er, mit dem anderen in echten Kontakt zu kommen."[37]

Eine weitere Qualität, die zu der Autonomie einer tiefgreifenden Selbstverwirklichung gehört, ist Spontaneität. Damit ist hier die Fähigkeit gemeint, in jeder Situation aus dem vollen Spektrum der eigenen Verhaltensmöglichkeiten auswählen zu können. „Ein autonomer Mensch lebt spontan. Er ist flexibel – nicht unüberlegt impulsiv."[38] Er realisiert seine Wahlmöglichkeiten und setzt dann dasje-

---

[35] James & Jongeward: Spontan leben (1974), S. 298 f.

[36] James & Jongeward: Spontan leben (1974), S. 298.

[37] James & Jongeward: Spontan leben (1974), S. 298.

[38] James & Jongeward: Spontan leben (1974), S. 299.

nige Verhalten ein, welches der jeweiligen Situation und seinen eigenen Zielen angemessen ist.

Eine solche Spontaneität beinhaltet zugleich Verantwortung. „Ein spontaner Mensch ist befreit. Er trifft seine eigene Wahl und akzeptiert die Verantwortung dafür."[39]

Schließlich gehört zur Autonomie, wie Berne sie versteht, auch Intimität. Diese Qualität besteht darin, Wärme, Zärtlichkeit und Vertrautheit in Beziehungen zu anderen Menschen zu verwirklichen. „Ein autonomer Mensch wagt, Freundschaft und Intimität zu empfinden, wenn es ihm richtig erscheint."[40]

Wenn ein Mensch seine Fähigkeit zur Intimität entwickelt, wird er offener und warmherziger gegenüber seinen Mitmenschen. Er vermeidet es zunehmend, sie herabzusetzen oder zu manipulieren, und er versucht auch solche Mitmenschen zu meiden, die ihrerseits immer wieder dazu neigen, ihn herabzusetzen oder zu manipulieren. Mit solchen Menschen hingegen, denen er vertraut, spricht er in jeweils passenden Situationen zunehmend offener auch über seine persönlichen Gefühle und Sorgen – und er hört ihnen einfühlsam und wertschätzend zu, wenn sie ihre eigenen Gefühle und Sorgen äußern.

Wie Carl R. Rogers, der Begründer der Klientenzentrierten Psychotherapie betont, ist jedoch eine gelungene tiefgreifende Selbstverwirklichung kein Zustand des eigenen Daseins, den ein Mensch irgendwann einmal dauerhaft erreichen kann, sondern eine solche Selbstverwirklichung ist vielmehr ein immer weiter sich entfaltender Prozess des ›guten Lebens‹, in den ein Mensch irgendwann einmal hineinfinden kann. In der Bedürfnishierarchie von Maslow auf die Ebene der Selbstverwirklichung zu gelangen bedeutet also nach Rogers, in einen Prozess des ›guten Lebens‹ zu gelangen. Diesen Prozess charakterisiert Rogers durch folgende drei Qualitäten.

[39] James & Jongeward: Spontan leben (1974), S. 299.

[40] James & Jongeward: Spontan leben (1974), S. 301.

Die erste Qualität des ›guten Lebens‹ beinhaltet eine zunehmende Akzeptanz der eigenen Erfahrungen: „Der Prozess scheint vor allem eine zunehmende Offenheit gegenüber der Erfahrung einzuschließen."[41]

Jede Erfahrung eines Menschen beinhaltet immer auch eigene Gefühle und eigene Reaktionsmuster oder eigene Verhaltensweisen von ihm. Die zunehmende Offenheit gegenüber der eigenen Erfahrung, wie sie für den Prozess des ›guten Lebens‹ charakteristisch ist, beinhaltet vor allem auch eine zunehmende Akzeptanz gerade dieser eigenen Gefühle und eigenen Reaktionsmuster oder eigenen Verhaltensweisen – sogar dann, wenn jene im Widerspruch zum eigenen Selbstbild stehen.

Ein Mensch, dem eine tiefgreifende Selbstverwirklichung gelungen ist, ändert und korrigiert gegebenenfalls bereitwillig sein inneres Bild von sich. Deshalb braucht er das Erleben seiner eigenen Erfahrungen nicht unbewusst zu verzerren, um solche Gefühle oder Reaktionsmuster und Verhaltensweisen vor sich zu verleugnen, die seinem Selbstbild widersprechen. Dadurch vertieft er zugleich auch seine Fähigkeit zur Introspektion. Er wird sich leichter und umfassender dessen gewahr, was in ihm vorgeht.

Die zweite von Rogers beschriebene Qualität beinhaltet eine zunehmende Achtsamkeit im Alltag: „Ein zweites Merkmal des Prozesses, den ich das gute Leben heiße, besteht für den Einzelnen in der zunehmenden Tendenz, völlig im jeweiligen Augenblick zu leben."[42]

Für einen Menschen, der seinen eigenen Erfahrungen offen gegenübersteht, ist jeder Augenblick völlig neu. Er begegnet seinen Erfahrungen völlig unvoreingenommen, ohne vorgegebene Erwartungen und Bewertungen und ohne die jeweilige Erfahrung zu kategorisieren oder zu kontrollieren. So kann er seine Erfahrungen unmittelbar leben. Sein Erleben entspricht seinen Erfahrungen und

---

[41] Rogers: Persönlichkeit (1976), S. 186.
[42] Rogers: Persönlichkeit (1976), S. 187.

seine Verhaltensweisen gehen unmittelbar aus seinem Erleben und der jeweiligen Erfahrung hervor.

Dadurch ergibt sich für das gute Leben ein ›Fließen‹ von Erfahrung zu Erfahrung und zugleich von Augenblick zu Augenblick. Der jeweilige Mensch ist hier sowohl Teilnehmer wie auch Beobachter des immer weiter voranschreitenden Prozesses seiner eigenen Erfahrung.

Die dritte von Rogers beschriebene Qualität einer gelungenen tiefgreifenden Selbstverwirklichung beinhaltet ein zunehmendes Vertrauen in die eigene Selbstregulation: „Ein weiteres Merkmal des Menschen, der im Prozess des guten Lebens lebt, ist offensichtlich ein zunehmendes Vertrauen zum eigenen Organismus als einem Mittel, die am meisten befriedigende Verhaltensweise in jeder existenziellen Situation zu erreichen."[43]

Gerade in den entscheidenden Situationen orientiert sich ein solcher Mensch hauptsächlich daran, was er in seinem eigenen Organismus dazu vorfindet an Gefühlen und Bedürfnissen sowie an früheren Erfahrungen und an aktuellen Überlegungen. Er wählt und zeigt dann als Reaktion auf die jeweilige Situation diejenige Verhaltensweise, die ihm selbst als ›richtig anmutet‹.

Der eigene Organismus ist dabei in seinem Fühlen und Denken keineswegs unfehlbar, doch er ist offen für seine Erfahrungen und bereit für notwendige Korrekturen. Der betreffende Mensch wählt und zeigt aus seinem eigenen Fühlen und Denken heraus einfach die ihm am geeignetsten erscheinende Verhaltensweise – und wenn sich diese dann in seiner eigenen Erfahrung als unbefriedigend erweist, korrigiert er sich und reagiert mit einer anderen Verhaltensweise.

Menschen, denen eine tiefgreifende Selbstverwirklichung gelungen ist, leben also vermehrt aus dem jeweiligen Augenblick heraus – und sie erfahren auch den jeweiligen Augenblick an sich vermehrt unmittelbar. So gelangen sie in ihrem Alltag immer wieder absichtlich

---

[43] Rogers: Persönlichkeit (1976), S. 189.

oder spontan jeweils für eine Weile in einen Zustand von Achtsamkeit.

Außerdem wird gerade vielen solcher Menschen durchaus etwas häufiger als anderen eine Gipfelerfahrung zuteil. Eine solche Erfahrung wiederum kann, wie Abraham H. Maslow herausgefunden hat, sowohl bei den einen Menschen wie bei den anderen mitunter auch eine regelrechte mystische Erfahrung sein.

Nicht jede mystische Erfahrung ist sogleich eine intensive Erfahrung der mystischen Einswerdung mit dem höchsten Absoluten, sondern es gibt hier auch die sehr viel sanftere Erfahrung des überweltlichen Seins. So kann man „die mystische Erfahrung in ein quantitatives Kontinuum von intensiv bis sanft stellen"[44]. Intensive Gipfelerlebnisse sind nun mitunter durchaus zugleich sanfte mystische Erfahrungen.

Diese Erkenntnisse von Maslow zur durchaus mystischen Qualität mancher Gipfelerlebnisse führten schließlich einerseits maßgeblich mit zur Begründung der Transpersonalen Psychologie – und sie führten außerdem dazu, dass er selbst seiner Bedürfnishierarchie schließlich noch eine höhere Ebene hinzugefügt hat, nämlich diejenige der Transzendenz. Aus der Erfahrung oder mitunter sogar bereits aus der Möglichkeit von mystischen Gipfelerlebnissen erwächst nämlich bei manchen Menschen auch ein entsprechendes Bedürfnis. Dieses Bedürfnis nach Transzendenz manifestiert sich hier insbesondere bei solchen Menschen, denen eine tiefgreifende Selbstverwirklichung bereits gelungen ist.

---

[44] Maslow: Motivation (1977), S. 236 f.

Achtsamkeit in der Mystik der Weltreligionen

Auf jedem spirituellen oder kontemplativen Weg begegnet man früher oder später einer Praxis wie der Achtsamkeit.

Ken Wilber
(Integrale Meditation, S. 203.)

Achtsamkeit im Buddhismus

Der Buddhismus basiert auf der Lehre von Siddhartha Gautama, dem Buddha, welcher vor ungefähr 2500 Jahren in Indien lebte. Meditation gab es gerade in Indien schon einige Jahrhunderte vor seiner Zeit, doch die Art und Weise, wie der Buddha in seiner Lehre die Praxis der Achtsamkeit konzipierte, war und ist ein Meilenstein in der Geschichte der Meditation. Der wichtigste Text von Buddha zur Achtsamkeit ist das *Mahasatipatthana Sutta*, die ›große Lehrrede‹ über die vollkommene Errichtung der Aufmerksamkeit‹.

Die rechte Aufmerksamkeit, von der die ›große Lehrrede‹ handelt, ist ein eifriges und kontinuierliches nichtwertendes Verweilen in der Beobachtung der eigenen inneren Erfahrungen im jeweils gegenwärtigen und zugleich naturgemäß vergänglichen Augenblick. Eine solche Aufmerksamkeit ist, wie der Buddha seinen Schülern, den Mönchen, erläutert, der einzige und alleinige Weg zur Läuterung, zur Aufhebung von Schmerz und Trübsal sowie zur Erfahrung des Nirwana.

Genau genommen geht es dabei in der ›großen Lehrrede‹ von Buddha um ein vierfaches Errichten der Aufmerksamkeit. Das erste bezieht sich auf den eigenen Körper und das zweite in der gleichen Weise speziell auf die Empfindungen. So lautet die Aufgabe des jeweiligen Mönches für das zweite Errichten der Aufmerksamkeit beispielsweise folgendermaßen: „Er verweilt mit glühendem Eifer und Aufmerksamkeit im kontinuierlichen tiefgründigen Verständnis der Unbeständigkeit, die Empfindungen in den Empfindungen beobachtend, wobei er Begierde und Abneigung gegenüber der Welt [aus Geist und Materie] überwunden hat."[1] Das dritte Errichten der Aufmerksamkeit bezieht sich auf den Geist und das vierte wiederum in der gleichen Weise auf die Geistesinhalte. Hier lautet die Aufgabe des Mönches: „Er verweilt mit glühendem Eifer und Aufmerksamkeit im kontinuierlichen tiefgründigen Verständnis der Unbeständigkeit,

---

[1] Mahasatipatthana Sutta (2005), S. 23.

die Geistesinhalte in den Geistesinhalten beobachtend, wobei er Begierde und Abneigung gegenüber der Welt [aus Geist und Materie] überwunden hat."[2]

Gehalten wurde die ›große Lehrrede über die vollkommene Errichtung der Aufmerksamkeit‹ von Buddha vor über zweitausend Jahren. Heutzutage sind vor allem zwei Arten von Vipassana-Meditation verbreitet, die sich ziemlich eng an jener Lehrrede orientieren. Die eine Art ist diejenige, die hauptsächlich von Satya N. Goenka gelehrt wird (oder auch von Jon Kabat-Zinn als Body-Scan im Liegen). Sie wird durchgeführt in Form einer „systematischen Körperbeobachtung"[3] und soll deshalb hier als systematische Vipassana-Meditation bezeichnet werden. Die andere Art ist diejenige, die etwa von Joseph Goldstein und Jack Kornfield gelehrt wird. Sie besteht aus einem gleichsam ›organischen Gewahrsein‹ der eigenen Erfahrungen und soll deshalb hier als organische Vipassana-Meditation bezeichnet werden.

Die Körperhaltung, in der die buddhistische Vipassana-Meditation praktiziert wird, ist bei beiden Arten oder Methoden eine solche des strammen Sitzens, etwa im Schneidersitz auf einem festen Kissen. Der Rücken sollte gerade gehalten werden und der Kopf aufrecht. Die Augen werden für gewöhnlich geschlossen. Die Meditationszeit dauert zumeist zwischen zwanzig Minuten und einer Stunde. Während dieser Zeit sollte sich der Praktizierende möglichst nicht bewegen. Die Aufmerksamkeit wird jeweils auf eine bestimmte Art von Inhalten der eigenen Erfahrung gerichtet, die dem Praktizierenden als Meditationsobjekt dienen.

Die systematische Vipassana-Meditation ist ganz auf das Gewahrwerden von eigenen Körperempfindungen ausgerichtet. Der Praktizierende wandert hier mit seiner Aufmerksamkeit langsam Schritt für Schritt durch seinen Körper und nimmt dabei jeweils genau diejenigen Empfindungen mit Achtsamkeit und ohne Wertung

---

[2] Mahasatipatthana Sutta (2005), S. 23.

[3] Goenka: Diskurse (1991), S. 30.

wahr, die aus derjenigen Körperstelle hervorgehen, auf die er gerade seine Aufmerksamkeit gerichtet hat. Normalerweise neigen wir dazu, unangenehme Empfindungen wegzuschieben und angenehme herbeizuziehen. Doch die Anweisung von Goenka an den Meditierenden lautet: „Beobachten Sie einfach nur, objektiv, ohne sich mit den Empfindungen zu identifizieren."[4]

Der Praktizierende beginnt den Meditationsprozess bei der systematischen Vipassana-Meditation damit, dass er seine Aufmerksamkeit innerlich zur obersten Stelle seines Kopfes richtet. Dort verweilt er dann kurz mit ihr und nimmt die Körperempfindungen wahr, die an jener Stelle spürbar sind. Danach geht er zur nächsten Körperstelle über: „Nehmen Sie sich einen etwa handbreiten Abschnitt des Körpers (ca. 5-8 cm) vor, dann bewegen Sie sich eine Handbreit weiter, und so fort."[5] Die Empfindungen, die der Praktizierende an der jeweiligen Körperstelle spürt, dienen ihm dabei jeweils als Meditationsobjekt. Wichtig ist hierbei, dass er seiner Empfindungen auch tatsächlich unmittelbar spürend gewahr wird, sie also gleichsam in den Empfindungen beobachtet und nicht nur in Gedanken.

Früher oder später mag die Aufmerksamkeit des Meditierenden jedoch durch andere Bewusstseinsinhalte absorbiert werden, durch Probleme oder Erinnerungen, Fantasien oder Gefühle, die ihn jetzt beschäftigen. Doch sobald der Meditierende bemerkt, dass er von seiner inneren Wanderung durch den Körper abgekommen ist, setzt er sie einfach an der entsprechenden Stelle fort. Ist er mit seiner Aufmerksamkeit bei den Füßen angelangt, so mag er nun entweder umgekehrt von den Füßen zurück zum Kopf wandern oder er beginnt seine systematische Wanderung gleich wieder oben beim Kopf.

In der organischen Vipassana-Meditation hingegen ist der Atem das primäre Meditationsobjekt. Der Praktizierende verweilt bei dieser Methode mit seiner Aufmerksamkeit dort, wo er seinen Atem am besten spüren kann, etwa beim Einströmen und Ausströmen der Luft

---

[4] Goenka: Diskurse (1991), S. 32.
[5] Goenka: Diskurse (1991), S. 31.

an den Nasenlöchern oder beim Heben und Senken seines Bauches. Dort nimmt er die entsprechenden Empfindungen kontinuierlich mit Achtsamkeit wahr. Außerdem registriert er in seinem Geist jedes Einatmen und jedes Ausatmen, indem er jeweils ›ein‹ oder ›aus‹ denkt.

Früher oder später treten auch bei der organischen Vipassana-Meditation andere Objekte im Geist des Praktizierenden auf, die alsbald sogar seine Erfahrung dominieren mögen: äußere Geräusche oder innere Bilder, Gedanken oder Emotionen. Hier werden solche Objekte nun jeweils organisch in den Meditationsprozess mit einbezogen. Sobald der Praktizierende bemerkt, dass ein entsprechendes Objekt seine Aufmerksamkeit in Anspruch genommen hat, geht er dazu über, sich nun dieses Objektes mit Achtsamkeit und ohne Wertung gewahr zu werden. Außerdem registriert er es zusätzlich noch in seinem Geist, indem er einen entsprechenden allgemein gehaltenen Begriff denkt, wie etwa den Begriff ›sehen‹ bei einem inneren Bild oder den Begriff ›hören‹ bei einem äußeren Geräusch.

Joseph Goldstein fasst seine Anleitung zur (organischen) Vipassana-Meditation folgendermaßen zusammen: „Benutzen Sie den Atem als primäres Objekt, bleiben Sie dabei, wenn nichts anderes ihre Erfahrung dominiert, und kehren Sie zum Atem zurück, wenn andere Objekte verschwinden."[6] Sollte man im Geist zerstreut oder verwirrt sein, richtet man seine Aufmerksamkeit ebenfalls am besten auf den Atem. „Sobald der Geist sich wieder zentrierter und ruhiger fühlt, öffnen Sie ihr Gewahrsein erneut allen sich verändernden Objekten – dem Atem, den Geräuschen, den Empfindungen, den Gedanken, den Bildern, den Absichten, den Gefühlen –, und registrieren Sie jedes dieser Objekte, wenn es auftaucht. Sorgen Sie dafür, dass der Geist geöffnet, rezeptiv und wach bleibt, sodass in jedem Augenblick präzises Gewahrsein des Gegenwärtigen möglich ist."[7]

---

[6] Goldstein in Goldstein & Kornfield: Meditation (1989), S. 55.

[7] Goldstein in Goldstein & Kornfield: Meditation (1989), S. 55.

Jene offene und weite Aufmerksamkeit, bei der es sich um ein kontinuierliches und zugleich nichtwertendes Gewahrsein der jeweils gegenwärtigen eigenen Erfahrung handelt, bildet auch die Essenz des buddhistischen Zen-Weges, der ab dem sechsten Jahrhundert unserer Zeitrechnung in China zunächst als Chan ausgestaltet wurde, bevor er dann ungefähr ab dem elften Jahrhundert hauptsächlich in Japan weiterentwickelt wurde. Insbesondere die folgende kleine Geschichte verdeutlicht die zentrale Bedeutung einer solchen offenen und weiten Aufmerksamkeit für das Zen:

Eines Tages sagte ein Mann aus dem Volk zu Zen-Meister Ikkyu: „Meister, wollt Ihr mir bitte einige Grundregeln der höchsten Weisheit aufschreiben?"
Ikkyu griff sofort zum Pinsel und schrieb: ›Aufmerksamkeit.‹
„Ist das alles?" fragte der Mann. „Wollt Ihr nicht noch etwas hinzufügen?"
Ikkyu schrieb daraufhin zweimal hintereinander: ›Aufmerksamkeit. Aufmerksamkeit.‹
„Nun", meinte der Mann ziemlich gereizt, „ich sehe wirklich nicht viel Tiefes oder Geistreiches in dem, was Ihr gerade geschrieben habt."
Daraufhin schrieb Ikkyu das gleiche Wort dreimal hintereinander: ›Aufmerksamkeit. Aufmerksamkeit. Aufmerksamkeit.‹
Halb verärgert begehrte der Mann zu wissen: „Was bedeutet dieses Wort ›Aufmerksamkeit‹ überhaupt?"
Und Ikkyu antwortete sanft: „Aufmerksamkeit bedeutet Aufmerksamkeit."[8]

---

[8] entnommen aus Kapleau: Pfeiler (1975), S. 36.

Achtsamkeit im Taoismus

Der Taoismus (Daoismus) beinhaltet und verkörpert die chinesische Mystik – allerdings nicht nur er alleine. So kam es in China seit dem sechsten Jahrhundert unserer Zeitrechnung immer wieder zu vielfältigen Wechselwirkungen zwischen dem Taoismus und dem Buddhismus. Daraus sind unter anderem zwei einander recht ähnliche Achtsamkeitsübungen hervorgegangen, und zwar für den Buddhismus die Meditationsmethode des Chan und für den Taoismus die Goldblütentechnik des Lichtumdrehens.

Das Tao (Dao) ist der ursprüngliche Geist, dem das gesamte Universum entstammt und der es seitdem umfasst und erfüllt. Außerdem bildet das Tao auch den Ursprung sowie die Essenz des Bewusstseins eines jeden Menschen. Und schließlich ist das Tao der spirituelle Weg, den jeder Mensch gehen kann, um sein eigenes gewöhnliches Bewusstsein zu erweitern, mit dem höchsten Ziel, in sich selbst schließlich den ursprünglichen Geist wiederherzustellen.

Eine wichtige Methode dafür ist im Taoismus die Praxis des Lichtumdrehens. Diese wird hauptsächlich in dem Buch *Das Geheimnis der Goldenen Blüte* erläutert. Die Lehre von der Goldenen Blüte wird dem taoistischen Meister Lu Yan zugeschrieben, der im elften Jahrhundert in China lebte. Das besagte Buch zu dieser Lehre ist vor etwa 250 Jahren entstanden. Der Begriff der ›Goldenen Blüte‹ bezeichnet das erweiterte Bewusstsein, um dessen Verwirklichung es bei der Praxis des Lichtumdrehens geht. Das Licht, das hier umgedreht werden soll, ist zunächst das Licht des eigenen gewöhnlichen Bewusstseins. Das höchste und umfassende Licht schließlich ist identisch mit dem ursprünglichen Geist.

Normalerweise ist das Bewusstsein von uns Menschen mit seinen Inhalten befasst, mit den Formen, die es enthält, also mit Gedanken und Emotionen, Sinneswahrnehmungen und Erinnerungen oder Fantasien – und es ist zugleich in diese Formen oder Inhalte verstrickt. ›Das Licht umdrehen‹ heißt, das eigene Bewusstsein aus all diesen Inhalten gleichsam herauszuziehen und von ihnen fort auf deren Quelle oder Essenz hin auszurichten. Letztendlich geht es hierbei um einen Schwenk vom gewöhnlichen Bewusstsein zum ursprünglichen Geist.

Derjenige, der die Goldblütenübung praktiziert, verwirklicht den Schwenk seines Bewusstseins, das Umdrehen des Lichtes, zunächst durch seinen gewöhnlichen Geist, also mithilfe von entsprechenden Gedanken, indem er seinen Geist beruhigt und sammelt und die so gewonnene innere Ruhe und Sammlung dann für eine Weile möglichst kontinuierlich aufrecht erhält. „Die Technik dazu findet sich in der Atmung."[9]

Vor allem in der ersten Zeit hat der Praktizierende bei dieser Übung hauptsächlich mit zwei Schwierigkeiten zu kämpfen, nämlich mit Ablenkung und mit Achtlosigkeit: „Ablenkung bedeutet, dass der Geist unstet ist. Achtlosigkeit bedeutet, dass der Geist vernebelt ist."[10] Indem der Praktizierende seinen Geist auf seine Atmung konzentriert erreicht er nicht nur auf diese hin, sondern ebenso in seinem Geist selbst eine zunehmende Zentrierung. Dadurch findet er dort dann auch zur Achtsamkeit.

Äußere Umstände, die hierfür hilfreich sein können, wären der Rückzug an einen abgeschiedenen Ort und das Einnehmen einer geeigneten Sitzhaltung. So besteht die Goldblütenpraxis für den Anfänger vor allem darin, dass er jeden Tag einen solchen Ort aufsucht und dort dann jeweils für eine Weile im Sitzen möglichst kontinuierlich Achtsamkeit verwirklicht. Das bereits genannte Buch zu dieser Praxis gibt dazu klare Anweisungen, in denen der Praktizierende direkt angesprochen wird: „Wenn du sitzt, senke die Augenlider und errichte einen innerlichen Bezugspunkt."[11] Dieser Bezugspunkt ist das Gewahrsein der eigenen Atmung.

Sobald der Praktizierende ein Gewahrsein der eigenen Atmung hergestellt hat, kann und sollte er alle anderen Objekte seines Den-

---

[9] Cleary: Blüte (2013), S. 29.
[10] Cleary: Blüte (2013), S.28.
[11] Cleary: Blüte (2013), S. 26.

kens loslassen, jedoch ohne dabei geistig zu erschlaffen: „Selbst wenn du alle Objekte losgelassen hast, bleibst du wachsam und selbstbeherrscht."[12]

Es ist wichtig, sogar bereits für den Anfänger, mit seinem Geist in der Gegenwart zu bleiben. Der spirituelle Weg kann nur dort gefunden und verwirklicht werden, denn er besteht aus nichts anderem als dem direkten Erfahren des jeweils aktuellen Augenblicks: „Der *Weg* ist die unmittelbare Gegenwart: Wenn dir die unmittelbare Gegenwart nicht bewusst ist, beginnt dein Denkvermögen zu rotieren, dein Intellekt hetzt herum und du fängst an zwanghaft zu denken."[13] So verstreut sich das Licht wieder, welches eigentlich umgedreht werden soll, und dies geschieht sehr leicht. „Das Licht ist schnell verstreut und schwer zu stabilisieren."[14] Indem der Praktizierende ein Gewahrsein seiner Atmung aufrecht erhält, kann er das Licht stabilisieren und damit beginnen, es auf seinen Ursprung hin auszurichten.

Das Bewusstsein wird bei der Goldblütentechnik auf sich selbst hin ausgerichtet, damit der Praktizierende sich der Inhalte seines Bewusstseins nach und nach tatsächlich als dessen *Inhalte* gewahr wird. So kann er umgekehrt auch irgendwann das Bewusstsein selbst, also dessen formlose Essenz, unmittelbar als jenseits aller Inhalte erfahren. Zunehmend wird dabei zudem das Umdrehen des Lichtes seinerseits ebenfalls zu einem formlosen und damit inhaltsleeren Geschehen, welches dann nicht mehr durch entsprechende Gedanken bewerkstelligt wird, sondern unmittelbar der reinen Achtsamkeit entspringt.

Für den Fortgeschrittenen gilt es, die Goldblütenpraxis nicht nur im abgeschiedenen Sitzen durchzuführen, sondern auch während des alltäglichen Handelns. Er fährt innerlich damit fort, ein Gewahrsein anzustreben, welches die Inhalte seines Bewusstseins transzendiert, während er zugleich Angelegenheiten seines Alltags

---

[12] Cleary: Blüte (2013), S. 31.
[13] Cleary: Blüte (2013), S. 71 f.
[14] Cleary: Blüte (2013), S. 15.

bearbeitet und äußere Dinge regelt oder mit anderen Menschen umgeht. „Wenn du Angelegenheiten exakt und voll Achtsamkeit behandelst, können die Dinge das Licht nicht bezwingen. Das formlose Umdrehen des Lichtes kann daher ohne Unterlass fortgeführt werden."[15]

Nach langem Üben strömt dem Praktizierenden aus der Essenz seines Bewusstseins irgendwann spirituelle Energie zu, die ihm dabei hilft, ein dieser Essenz entsprechendes Gewahrsein in seinem Leben zu stabilisieren. Dieses Gewahrsein ist sozusagen das ›Elixier‹ des eigenen Bewusstseins. „Wenn du die gesammelte Energie aus eigenem Erleben gefunden hast, beginnt sich das Elixier unmittelbar zu verfestigen."[16] Der Praktizierende kann sich nun mehr und mehr in der Quelle seines Bewusstseins verankern. „Das bezieht sich auf das sich mit der Zeit entwickelnde ›Urkorn‹."[17] Die Quelle des eigenen Bewusstseins ist gleichsam das ›Urkorn‹, aus dem das eigene gewöhnliche Bewusstsein einst hervorgewachsen ist – und je mehr der Praktizierende sich in ihm verankert, desto mehr entwickelt sich umgekehrt jenes ›Urkorn‹ in ihm. So wird es dem Praktizierenden schließlich möglich, in sich selbst den ursprünglichen Geist wiederherzustellen.

Eine ganz andere Übungsmethode der Achtsamkeit aus dem Taoismus ist das Tai Chi Chuan oder Taijiquan. Als wichtigster Begründer dieser Methode gilt Zhang Sanfeng, der im 13. oder 14. Jahrhundert in China gelebt haben soll. Ausgeübt wird diese Methode in Form eines genau festgelegten Ablaufes von Bewegungen, den es erst einmal zu erlernen gilt. Es handelt sich dabei um langsame und harmonische Bewegungen, die im Stehen und im Gehen jeweils mit dem ganzen Körper durchgeführt werden und die fließend ineinander übergehen. Heutzutage gibt es beim Tai Chi Chuan verschiedene Formen oder Stile solcher Bewegungsabläufe.

---

[15] Cleary: Blüte (2013), S. 38.

[16] Cleary: Blüte (2013), S. 37.

[17] Cleary: Blüte (2013), S. 37.

Allen Formen des Tai Chi Chuan ist dabei gemeinsam, dass der Praktizierende seine Bewegungen jeweils aus seiner Körpermitte, dem Bauch-Becken-Raum, heraus erwachsen lässt und dass er sie jeweils koordiniert mit seiner Atmung durchführt. Im Bauch-Becken-Raum befindet sich das leibliche Zentrum des Menschen. Dieses wird im Taoismus auch als unteres Tan Tien bezeichnet. (Das mittlere Tan Tien befindet sich als emotionales Zentrum in der Brust und das im Kopf lokalisierte obere Tan Tien bildet das geistige Zentrum des Menschen.)

Je besser der Praktizierende die Bewegungsfolge einer Form beherrscht, desto eher kann er sie als Übung zur Achtsamkeit nutzen. „Beim Tai Chi Chuan geschieht die Meditation in Bewegung."[18] Sie umfasst hier zwei unterschiedliche Aspekte, die jedoch stets gemeinsam zu realisieren sind. Diese bestehen aus „der Konzentration auf das untere Tan Tien und dem Üben in vollkommener Aufmerksamkeit"[19]. Indem der Praktizierende beide Aspekte gemeinsam verwirklicht, gelangt er in einen Zustand der Achtsamkeit. „Er ist eins mit seinem Tun geworden, bleibt in seiner Sammlung ungestört von äußeren Einflüssen, ohne seine Wachheit und sein Reaktionsvermögen zu verlieren."[20]

Achtsamkeit im Yoga

Der Yoga ist, vereinfacht ausgedrückt, die Mystik des Hinduismus und der Hinduismus ist, vereinfacht ausgedrückt, die größte Religion in Indien. Doch genauer betrachtet ist der Hinduismus ein Gebilde, das aus mehreren verschiedenen Religionen besteht, und so ähnlich

---

[18] Kobayashi: Tai Chi Chuan (1987), S. 79.

[19] Kobayashi: Tai Chi Chuan (1987), S. 79.

[20] Kobayashi: Tai Chi Chuan (1987), S. 79.

ist auch der Yoga ein System, das viele verschiedene Schulungswege umfasst. Ein interessanter Text zur Achtsamkeit im Hinduismus und im Yoga ist *Vijnana Bhairava*, ›das göttliche Bewusstsein‹. Er wurde im ersten Jahrhundert unserer Zeitrechnung niedergeschrieben und gehört zur hinduistischen Religion des Shivaismus sowie zu den Yoga-Schulungswegen des Tantra.

Der Umfang des *Vijnana Bhairava* ist gering. Der Text besteht nur aus 164 Versen. Doch in diesen 164 Versen werden 112 höchst anspruchsvolle Praktiken der Meditation offenbart – 112 Weisen, die göttliche Natur in sich zu entdecken und die Vereinigung mit dem höchsten, allumfassenden Gott unmittelbar zu erfahren. Alle in diesem Text skizzierten Übungen beinhalten dabei entweder implizit oder explizit, oft bereits von Anfang an oder zumindest im weiteren Verlauf, die Verwirklichung von Achtsamkeit.

Konzipiert ist der Text des *Vijnana Bhairava* als ein Dialog zwischen Bhairava beziehungsweise Shiva, dem höchsten, allumfassenden Gott, und der Göttin Bhairavi beziehungsweise Shakti. In diesem Dialog fragt Bhairavi den höchsten, allumfassenden Gott, mit welchen Methoden man den Zustand seiner Fülle erlangen kann, jenen Zustand, der zugleich leer ist von Raum und Zeit und frei von jeglicher Bestimmung. Bhairava antwortet ihr, indem er ihr, jeweils äußerst knapp, nacheinander die bereits erwähnten 112 Methoden der Meditation skizziert. Eine einzige dieser Methoden zu praktizieren reicht dabei aus, um eins zu werden mit ihm, Bhairava, und um damit das göttliche Bewusstsein zu erlangen.

Der Meditierende ist das Subjekt und als Bezugspunkt seiner Meditation können ihm in den 112 Methoden die unterschiedlichsten Objekte dienen. Sie reichen von der eigenen Atmung, wie in Vers 24, über intensive Emotionen im eigenen Inneren, wie in Vers 118, bis hin zur äußeren Finsternis einer mondlosen Nacht, wie in Vers 87, und noch darüber hinaus.

Entscheidend ist bei allen skizzierten Methoden jeweils die Verwirklichung von Achtsamkeit. Dieser Punkt wird vor allem in Vers 106 besonders betont: „Das Bewusstsein von Subjekt und Objekt ist allen verkörperten Wesen gemeinsam. Doch die Besonderheit der Yogis ist, dass sie ständig auf diese Verbindung aufmerksam sind."[21] Alle Menschen leben in der Dualität von Subjekt und Objekt – doch die Yogis transzendieren diese Dualität durch die Verwirklichung von Achtsamkeit. Aufmerksam zu sein auf die Verbindung von Subjekt und Objekt ist die Meditationsmethode, die in diesem Vers hierfür empfohlen wird.

Ausgangspunkt der Meditation kann dabei, so der Text des *Vijnana Bhairava*, durchaus ein solches Objekt sein, das der Praktizierende als sehr angenehm erlebt – solange er es nur mit der rechten Achtsamkeit wahrnimmt. So heißt es in Vers 74: „Wo immer der Geist seine Erfüllung findet, eben darauf soll man sich konzentrieren. Genau dort wird sich das Wesen der höchsten Seligkeit offenbaren."[22]

Beispiele für entsprechende Objekte wären erfreuliche Musik und andere schöne Dinge. Insbesondere Vers 73 handelt genau davon: „Wenn der Yogi eins wird mit der unvergleichlichen Freude des Genusses von Musik und anderen ästhetischen Freuden, dann verschmilzt er damit, und durch eine geistige Erhebung wird er vollkommen eins damit."[23]

Für eine mögliche Hinwendung des Meditierenden zu erfreulichen Erfahrungen macht der hier vorgestellte Text des Tantra-Yoga auch vor der sexuellen Freude des Geschlechtsverkehrs nicht halt: So heißt es in Vers 69: „Die Freude, die im Moment der Vereinigung mit der Shakti (Partnerin) durch die Erregung bei dem vollen Eindringen erfahren wird, ist wie die Seligkeit Brahmans. Es ist die Freude des eigenen Selbst."[24] Das eigene Selbst ist hier natürlich das höchste eigene Selbst, welches letztendlich identisch ist mit Bhairava oder Shiva – und die Seligkeit Brahmans, des höchsten allumfassenden

---

[21] Bäumer: Vijnana Bhairava (2013), S. 162.

[22] Bäumer: Vijnana Bhairava (2013), S. 129.

[23] Bäumer: Vijnana Bhairava (2013), S. 128.

[24] Bäumer: Vijnana Bhairava (2013), S. 123.

Gottes, wird hier von dem (männlichen) Praktizierenden natürlich nur dann erfahren, wenn er die Vereinigung mit voller Achtsamkeit vollzieht und wenn er dabei seine Partnerin zugleich als Shakti verehrt. Außerdem sollte seine Partnerin gleichermaßen eine Yogini sein, nicht zuletzt deshalb, damit sie durch die Vereinigung ebenfalls die Seligkeit Brahmans erfahren kann.

Für die Verwirklichung von Achtsamkeit mag es hilfreich sein, alle Gedanken, die einem durch den Kopf gehen, einfach vorüberziehen zu lassen, aber man kann sie auch, wie in Vers 116 vorgeschlagen wird, mit Achtsamkeit begleiten: „Wohin auch immer deine Gedanken gehen, ob nach außen oder innen, eben dort ist der göttliche Zustand zu finden. Da Shiva alles durchdringt, wohin könnten die Gedanken gehen, wo er nicht ist?"[25]

Die Gedanken können nach innen gehen, vielleicht sogar zurück zu einer Erinnerung, und wenn der Praktizierende sie dann dort in der rechten Weise konzentriert, kann auch daraus, wie in Vers 119 dargelegt wird, eine Möglichkeit zur Meditation erwachsen: „Man konzentriere seine Gedanken auf einen Ort und auf Gegenstände in der Erinnerung. Wenn so dem Körper in der Gegenwart jede Grundlage entzogen wird (weil er in die Vergangenheit zurückversetzt ist), dann offenbart sich der Herr."[26] Die intensive Erinnerung an vergangene Orte und Gegenstände befreit das Bewusstsein des Praktizierenden vorübergehend von seiner gegenwärtigen Identifizierung mit dem Körper. Dadurch kann es sich dann, insofern er dabei Achtsamkeit verwirklicht, für das allgegenwärtige reine Licht von Shiva öffnen.

Die Gedanken können aber auch nach außen gehen und sich dort vielleicht sogar im wolkenlosen Himmel verlieren. Hier lässt sich dann ebenfalls Achtsamkeit verwirklichen, wie Bhairava seiner Shakti in Vers 84 erläutert: „Wenn man einen wolkenlosen Himmel betrachtet und dabei seinen Blick fixiert und sich ganz regungslos

---

[25] Bäumer: Vijnana Bhairava (2013), S. 173.
[26] Bäumer: Vijnana Bhairava (2013), S. 177.

hält, dann, O Göttin! erlangt man im selben Augenblick die göttliche Wesensnatur."[27]

Doch ein wolkenloser Himmel ist gar nicht nötig. Das reine Schauen selbst, bei dem der Praktizierende lediglich seine Augen fixiert offen hält, reicht bereits aus. So verkündet Bhairava in Vers 113: „O Göttin! Höre! Ich offenbare dir diese mystische Tradition vollkommen. Wenn man die Augen regungslos (offen)hält, entsteht unvermittelt die Befreiung."[28]

Genauso kann es auch die offene Weite des äußeren Raumes an sich sein, die den Praktizierenden in die Raumlosigkeit des göttlichen Bewusstseins zu versetzen vermag, wenn er sich nur mit Achtsamkeit auf sie einlässt. Eine entsprechende Empfehlung findet sich in Vers 128: „Man konzentriere seinen Geist auf den äußeren Raum, der ewig ist, ohne Grundlage, leer, alldurchdringend und frei von Begrenzungen – dann wird man in die Raumlosigkeit absorbiert."[29]

Der Text des *Vijnana Bhairava* ist einer der wichtigsten Texte des tantrischen Yoga. Grundlegend für den philosophischen Yoga hingegen waren und sind die Sutras des Patanjali. Dieser lebte vor ungefähr zweitausend Jahren in Indien und das Buch, welches seine Sutras enthält, trägt den Titel *Yoga-Philosophie*. Diese *Yoga-Philosophie* ist ein regelrechtes Lehrbuch zur Mystik mit klaren Definitionen und logisch aufeinander aufbauenden Lehrsätzen. Yoga wird darin vor allem als ein innerer Zustand definiert, und zwar als jener Zustand, in dem die seelisch-geistigen Vorgänge des Menschen, wie das Denken, das Träumen und das Erinnern, zur Ruhe gekommen sind. In diesem Zustand kann dann auch der jeweilige Mensch selbst zu seiner eigentlichen Wesensidentität finden.

Die eigentliche Wesensidentität des Menschen ist sein spirituelles Selbst, welches in der Lehre des Yoga gemeinhin als Atman oder Purusha bezeichnet wird. Patanjali betont bezüglich dieses Selbst

---

[27] Bäumer: Vijnana Bhairava (2013), S. 141.

[28] Bäumer: Vijnana Bhairava (2013), S. 169.

[29] Bäumer: Vijnana Bhairava (2013), S. 186.

besonders dessen Qualität des Gewahrseins. Für ihn ist das spirituelle Selbst des Menschen damit vor allem Drashta, der innere Zeuge, der ›Sehende‹ oder der ›Wahrnehmende‹.

Dieser Wahrnehmende ist nicht das gewöhnliche Ich oder das alltägliche Bewusstsein und auch nicht ein innerer Beobachter, den der Mensch in diesem oder jenem kreieren kann, sondern „der Wahrnehmende ist reiner Geist", wie Patanjali im Sutra II, 20 feststellt.[30]

Dementsprechend ist es auch auf dem Weg hin zum Yoga-Zustand für den Praktizierenden ganz entscheidend, dass in ihm alle seine seelisch-geistigen Vorgänge zur Ruhe kommen. Nur dadurch kann er in seinem Inneren von seinem gewöhnlichen Ich und seinem alltäglichen Bewusstsein zu dem eigentlichen Wahrnehmenden gelangen. Vivekananda beschreibt diesen Wahrnehmenden in seinen Erläuterungen zu den Sutras des Patanjali folgendermaßen: „Der Wahrnehmende ist in Wirklichkeit das Selbst, das reine, ewig-heilige, unendliche, unsterbliche Selbst."[31] Somit ist dann auch das Gewahrsein, welches diesen Wahrnehmenden ausmacht, eine transzendente Achtsamkeit.

Achtsamkeit in der christlichen Mystik

Der wohl wichtigste Text zur Achtsamkeit in der christlichen Mystik heißt *Wolke des Nichtwissens*. Er wurde, wie auch der dazu gehörige *Brief persönlicher Führung* von einem namentlich nicht bekannten Kartäusermönch verfasst, der während des 14. Jahrhunderts in England lebte. In diesem Text wird eine Übung der Kontemplation vorgestellt, die ganz wesentlich ein achtsames Verweilen in besagter

---

[30] Zitiert nach Vivekananda: Raja-Yoga (1983), S. 202.

[31] Vivekananda: Raja-Yoga (1983), S. 179.

›Wolke des Nichtwissens‹ beinhaltet, nämlich in der inneren Dunkelheit gleichsam oberhalb des eigenen Verstandes. Das höchste Ziel dieser Übung und eines solchen Verweilens ist die innere Vereinigung mit Gott, die dem Übenden dann irgendwann im rechten Augenblick durch Gottes Gnade zuteil werden kann.

Gott ist der Grund und das Sein der Welt – und damit ist er auch der Grund und die Mitte des Seins eines jeden Menschen. Er ist „der Eine in allem, und alles ist eins in ihm"[32]. Auf diesen Gott hin sich auszurichten und auf ihn hin ausgerichtet zu bleiben, darin besteht die Übung der Kontemplation, wie sie in dem Text der *Wolke des Nichtwissens* gelehrt wird: „Es genügt völlig ein nacktes, reines Ausgerichtetsein auf Gott."[33] Voraussetzung hierfür aber ist bei dem Übenden eine ausgeprägte Liebe zu Gott.

Niemand kann in den Zustand der Kontemplation gelangen, oder gar zur Erkenntnis Gottes, indem er seinen Verstand einsetzt. Alles Denken und jedes Urteilen muss während der Übung der Kontemplation überwunden werden. „Nur Liebe vermag in diesem Leben bis zu Gott vorzudringen, nicht aber das Erkennen des Verstandes."[34]

Dementsprechend geht es bei der Übung der Kontemplation um eine liebende Hinwendung zu Gott jenseits des eigenen Verstandes. Dort gerät der Übende zunächst in eine Dunkelheit, nämlich in die ›Wolke des Nichtwissens‹. Hier besteht die Ausführung der Kontemplationsübung dann vor allem darin, in dieser Dunkelheit zu verweilen und dabei auf jeden einzelnen Augenblick achtzugeben und in jedem einzelnen Augenblick achtsam zu sein – denn lediglich in dieser Dunkelheit kann sich in irgendeinem Augenblick die Erkenntnis Gottes ereignen: „Entschließe dich deshalb, in dieser Dunkelheit solange wie möglich zu verweilen und unaufhörlich ihn zu rufen, den du liebst. Wenn du hoffst, Gott in diesem Leben schauen und erfah-

---

[32] Wolke (2011), S. 171.
[33] Wolke (2011), S. 50.
[34] Wolke (2011), S. 55.

ren zu können, wie er ist, so kann dies doch immer nur in jener Wolke und Dunkelheit geschehen."[35]

Die Dunkelheit der ›Wolke des Nichtwissens‹ ist geradezu ein ›Nichts‹, welches sich zudem noch im ›Nirgendwo‹ befindet. Und trotzdem ist es entscheidend, genau in diesem Nichts mit Achtsamkeit zu verweilen: „Übe fleißig in diesem Nichts, mit lebhaftem Verlangen und Entschlossenheit, Gott zu erlangen."[36]

Um aber überhaupt in das Nichts beziehungsweise die Dunkelheit oberhalb des eigenen Verstandes gelangen zu können, muss der Übende in sich selbst sozusagen unterhalb des eigenen Verstandes eine ›Wolke des Vergessens‹ schaffen, mit der er alle ablenkenden Gedanken zudecken kann – alle Gedanken über die vielen Dinge, aber auch sämtliche Gedanken, die sich mit Gott beschäftigen, und nicht zuletzt alle Gedanken, die um das eigene Ich kreisen: „Lass also dein Denken und Fühlen auf ihn hin eins werden, indem du versuchst, alles Nachdenken über ihn und über dich aufzugeben. Halte dein Denken leer, dein Fühlen unabhängig und dich selbst in reiner Gegenwärtigkeit."[37]

Es bleibt jedoch nicht aus, dass dem Übenden ablenkende Gedanken kommen. Doch es gilt dann jedes Mal, diese baldmöglichst wieder loszuwerden. „Das ist die mühsame Arbeit, die wir zu leisten haben."[38] Hilfreich bei dem Bemühen, die lästigen Gedanken loszuwerden, ist stets die erneute Hinwendung zu Gott: „Bringe sie mit einer Regung der Liebe zu Gott schnell unter die ›Wolke des Vergessens‹."[39]

Eine weitere hilfreiche Möglichkeit besteht darin, die eigene Aufmerksamkeit während der Kontemplationsübung durch ein kurzes Wort zu bündeln, etwa durch das Wort ›Gott‹. Dieses Wort gilt es

---

[35] Wolke (2011), S. 40.
[36] Wolke (2011), S. 150.
[37] Wolke (2011), S. 171.
[38] Wolke (2011), S. 88.
[39] Wolke (2011), S. 49.

dann während der Übung einfach fortwährend im Herzen zu behalten, ohne mit dem Verstand darüber nachzudenken: „Mit diesem Wort sollst du in die Wolke und in die Dunkelheit über dir eindringen und zugleich alle zerstreuenden Gedanken abwehren."[40]

Früher oder später beginnt auch Gott seinerseits in demjenigen Menschen hilfreich zu wirken, der die Übung der Kontemplation praktiziert. Am Anfang, wenn der Übende erst damit beginnt, die rechte Kontemplation zu erlernen, ist es für ihn besonders schwierig und mühevoll, in die ›Wolke des Nichtwissens‹ zu gelangen. Immer wieder dringen scheinbar wahllos unzählige Gedanken und Bilder, Gefühle und Erinnerungen in sein Bewusstsein und halten ihn davon ab. Doch mit der Zeit wird diese Übung zu einer geistigen Fertigkeit. „Sobald du rechte Kontemplation erlernt hast, wird dir es mühelos und leicht vorkommen, was dir am Anfang schwierig und mühevoll erschien. Schließlich brauchst du dich kaum mehr anzustrengen oder überhaupt nicht mehr. Das ist der Moment, in dem Gott von sich aus in dir wirkt."[41]

Die rechte Übung der Kontemplation besteht darin, in die ›Wolke des Nichtwissens‹ vorzudringen und dort dann mit Achtsamkeit zu verweilen. Das erste Ziel dieser Übung besteht darin, in den eigentlichen Zustand der Kontemplation zu gelangen. Diesen Zustand wiederum gibt es einerseits als kurzzeitige und zugleich höchst intensive mystische Gipfelerfahrung der Entrückung und Ekstase, andererseits aber auch als länger anhaltende Plateauerfahrung, die vor allem von einem tiefen Frieden und von großer Klarheit geprägt ist.

Der Höhepunkt der Kontemplation schließlich ist die wahre Vereinigung mit Gott. Sie kann dem Übenden nur durch Gnade zuteil werden. „Du gelangst durch Gnade dahin, wohin du von Natur aus nicht kommen könntest: zur Vereinigung mit Gott im Geist und in der

---

[40] Wolke (2011), S. 50.
[41] Wolke (2011), S. 89.

Liebe, in der Übereinstimmung von menschlichem und göttlichem Willen."[42]

Zunächst jedoch wird der Übende in der Dunkelheit der ›Wolke des Nichtwissens‹ immer wieder auch mit seiner eigenen Schuld konfrontiert. Während er dort mit Achtsamkeit verweilt, treten nach und nach sämtliche Erinnerungen an all jene Situationen in sein Bewusstsein, in denen er bislang schuldig geworden ist. „Sie steigen so lange vor seinem inneren Auge auf, bis er sie mühevoll mit tiefer Reue und bitteren Tränen weitgehend abgewaschen hat."[43]

Es können während des Übens aber auch außergewöhnlich schöne Erlebnisse auftreten, wie etwa überirdische Klänge, himmlische Freude, süße Tröstungen oder schmelzende Empfindungen. Während solcher Erlebnisse ist es vor allem wichtig, dass der Übende ihnen gegenüber möglichst unbekümmert bleibt und weiterhin sein nacktes, reines Ausgerichtetsein auf Gott hin beibehält.

Insbesondere anfangs ist die Kontemplation vor allem eine Übung, die zurückgezogen vom Alltag praktiziert wird, im stillen Sitzen mit ruhenden Sinnen, die soweit als möglich von allen äußeren und inneren Wahrnehmungen abgezogen sind. Später jedoch und recht eigentlich ist die Kontemplation aber außerdem eine Übung, die auch mitten im Alltag praktiziert werden kann. Dies gilt einerseits für das innere Ausgerichtetsein auf Gott. Der fortgeschrittene Übende sollte durchaus auch während seiner alltäglichen Verrichtungen zugleich innerlich möglichst kontinuierlich auf Gott hin ausgerichtet sein. Andererseits ist zudem der Zustand der Kontemplation, insbesondere wenn er vor allem durch inneren Frieden und große Klarheit geprägt ist, ebenfalls durchaus vereinbar mit beinahe sämtlichen alltäglichen Verrichtungen.

Einige Jahrhunderte, nachdem der Text zur ›Wolke des Nichtwissens‹ verfasst wurde, ist es vor allem Jean-Pierre de Caussade, der in seinen Anleitungen zur christlichen Mystik noch einmal sehr deut-

---

[42] Wolke (2011), S. 149.
[43] Wolke (2011), S. 152.

lich auf den jeweils gegenwärtigen Augenblick fokussiert. Bei Caussade handelt es sich um einen Jesuitenmönch, der während des 18. Jahrhunderts in Frankreich lebte. Für ihn geht es in jedem Augenblick darum, sich dieses Augenblicks jeweils mit Achtsamkeit nichtwertend gewahr zu werden und ihm außerdem auch im eigenen Erleben und Verhalten möglichst tiefgehend gerecht zu werden.

Gemäß der Auffassung von Caussade schreitet der Mensch auf dem mystischen Weg umso weiter voran, je mehr er sich dem Willen und dem Wirken Gottes hingibt und anvertraut. Hierbei geht es darum, im eigenen Tun und Lassen jeweils dem Auftrag Gottes gerecht zu werden und treu zu bleiben. „Diese Treue aber ist für uns alle in gleicher Weise erreichbar, sowohl in ihrer aktiven Praxis wie auch in ihrer passiven Übung."[44] Die aktive Praxis der Treue zum Auftrag Gottes besteht in der Erfüllung der Pflichten, die uns gemäß dem Willen Gottes auferlegt sind. „Die passive Übung besteht in der liebevollen Annahme alles dessen, was Gott uns in jedem Augenblick sendet."[45]

Ein Augenblick kann erfreuliche oder auch unangenehme Ereignisse und Erlebnisse mit sich bringen. Doch wie auch immer er sich gestaltet, auf dem mystischen Weg voranzuschreiten bedeutet für Caussade vor allem, den jeweils gegenwärtigen Augenblick mit Hingabe zu erfahren und ihm mit Hingabe gerecht zu werden. Allerdings muss auch die Fähigkeit zu einer solchen Hingabe erst einmal entwickelt werden. „Der Zustand der Hingabe ist, wenn er einmal erreicht ist, voller Süßigkeit; um aber dahin zu gelangen, müssen wir durch viel Leid hindurchschreiten."[46]

Jenseits der erfreulichen oder auch leidvollen Ereignisse und Erlebnisse, sozusagen in seiner Tiefe, ist jeder Augenblick, wie Caussade uns versichert, voll unendlicher Schätze. Gottes Wirken gibt jedem Moment seine Fülle und sein Wille lässt sich in der Tiefe

---

[44] Caussade: Augenblick (1955), S. 25.

[45] Caussade: Augenblick (1955), S. 25.

[46] Caussade: Augenblick (1955), S. 64.

des gegenwärtigen Moments sogar unmittelbar erfahren: „Der göttliche Wille ist ein Abgrund, dessen Öffnung der gegenwärtige Augenblick ist: Stürze dich hinein in diesen Abgrund, und du wirst ihn immer unendlich größer finden als deine Sehnsucht."[47]

Achtsamkeit in der jüdischen Mystik

Innerhalb der jüdischen Mystik lassen sich vor allem zwei große Strömungen benennen, nämlich die Kabbala, die im 12. Jahrhundert in Spanien entstanden ist, und der Chassidismus, der im 18. Jahrhundert in Polen begründet wurde. Während die Kabbala vor allem ausgeklügelte Lehren und komplizierte Meditationsmethoden hervorbrachte, waren die wichtigsten meditativen Praktiken des Chassidismus das achtsame Tun und das enthusiastische Gebet. Der Chassidismus entwickelte sich als eine jüdische Volksbewegung der Frömmigkeit und der Freude, durch die die Mystik der Kabbala breiten Kreisen der jüdischen Bevölkerung zugänglich wurde. Hierfür formten die Begründer und Meister des Chassidismus, allen voran Israel ben Elieser und Dow Bär, aus den Lehren und Methoden der Kabbala einen Pfad, der für viele Leute geeignet war und der auch von vielen gegangen wurde. Diese Menschen, die Praktizierenden des Chassidismus, werden als Chassidim bezeichnet.

Der Weg und das Ziel des Chassidismus ist Devekut, das Anhangen oder Anschmiegen an Gott. Gemäß der Lehre des Chassidismus beginnt dieses Anhangen oder Anschmiegen bereits damit, im eigenen Geist möglichst oft und möglichst hingebungsvoll an Gott zu denken, und es gipfelt dann darin, mit dem eigenen Geist tatsächlich in Gott aufzugehen, die Unio mystica, die mystische Vereinigung mit Gott, bewusstseinsmäßig zu verwirklichen.

---

[47] Caussade: Augenblick (1955), S. 35.

Begründet wurde der Chassidismus von Israel ben Elieser. Dieser ist vor allem als Baal Schem Tov bekannt, als Meister des göttlichen Namens. Er lebte im 18. Jahrhundert in Polen. Gemäß ihm ist Gott vor allem Einheit und Fülle: „Alles, die himmlische und die irdische Welt ist ein Ganzes."[48] Kein Ort der Welt ist leer von Gott. So bejaht der Baal Schem Tov nicht nur Gott, sondern auch dessen Schöpfung – und das Leben in seiner ganzen Reichhaltigkeit. Aus dieser bejahenden Grundhaltung lässt sich sowohl die Frömmigkeit wie auch die Freude des Chassidismus ableiten.

Der bedeutendste Schüler des Baal Schem Tov ist Dow Bär, der ebenfalls im 18. Jahrhundert lebte. Er ließ sich nach dem Tod seines Meisters in Mesritsch in der Ukraine nieder und wurde dort als der Maggid (Geschichtenerzähler) von Mesritsch bekannt. Nach Dow Bär lässt sich Gott als ›Ajin‹ charakterisieren, was so viel bedeutet wie ›Nichts‹. Ein Mensch, dem die Unio Mystica zuteil wird, die mystische Vereinigung mit diesem Nichts, erreicht damit ›Olam hamach-schawa‹, die Welt des reinen Gewahrseins. Dieses reine Gewahrsein wiederum ermöglicht das Gewahrsein der vollständigen Einheit, denn Gott ist nicht nur das reine Nichts, sondern auch ›Ain Soph‹, das unendliche Eine.

Die wichtigsten meditativen Praktiken des Chassidismus sind das achtsame Tun und das enthusiastische Gebet. Außerdem gehören das intensive Studium der heiligen Texte, wie insbesondere der Tora, und das gemeinsame Singen von religiösen Liedern zum Chassidismus. Im Singen der Lieder, oder gar im Tanzen, wird hauptsächlich die Freude verwirklicht, und im Studium der heiligen Texte wird vor allem die Frömmigkeit gepflegt. Unverzichtbar ist für den Chassidismus aber auch die strenge Beachtung der jüdischen Gebote. Die geistige Sammlung, die für das achtsame Tun und für das enthusiastische Gebet erforderlich ist, wird im Chassidismus als Kawwana bezeichnet.

---

[48] Baal Schem Tov, zitiert nach Wehr: Chassidismus (1978), S. 29.

Das enthusiastische Gebet ist ein Gebet, welches voller Freude und voller Achtsamkeit verwirklicht wird. Es sollte ganz auf Gott hin ausgerichtet sein. Oft bitten Menschen in ihren Gebeten um etwas, das ihnen fehlt. Der Chassid bittet hier vor allem um die Präsenz Gottes, an dessen Realisierung im eigenen Geist ihm mangelt. Die körperliche Haltung, die der Chassid beim Beten einnimmt, ist entweder eine kniende, mit nach vorne gebeugtem Oberkörper, oder eine stehende, oft mit sich wiegenden Bewegungen.

Das achtsame Tun ist im Chassidismus ein Handeln, bei dem der jeweilige Mensch mit seinem Denken und Fühlen einerseits ganz im gegenwärtigen Moment präsent ist, und bei dem er mit seinem Denken und Fühlen andererseits zugleich möglichst weitgehend auf Gott hin ausgerichtet ist. Der Chassid bemüht sich hier bei jeder Handlung, die er vollzieht, spirituell vor allem darum, mit ihr Gott zu dienen. Dies gilt sowohl für religiöse wie auch für alltägliche Handlungen, und es gilt sogar für solche Handlungen, die, weltlich betrachtet, vor allem den eigenen Bedürfnissen zugute kommen.

Entscheidend für das achtsame Tun ist Kawwana, die Herzenswachheit und Herzenshingabe. Es geht hier um ein tiefes Gesammeltsein in der Handlung selbst und zugleich um ein spirituelles Angeschmiegtsein an Gott.

Baal Schem Tov hat ein solches achtsames Tun als ›Avoda be-Gaschmiut‹ bezeichnet, als ›Gottesdienst in Körperlichkeit‹. Kein Tun ist dazu verurteilt, profan zu bleiben. Jede körperliche Handlung, jedes beliebige Tun und auch jedes alltägliche Reden kann zu einer heiligen Handlung transformiert werden, und zwar durch gleichzeitige Verwirklichung von Achtsamkeit und durch gleichzeitiges Bezogensein auf Gott.

Auf die Wichtigkeit von Achtsamkeit im eigenen Tun verweist auch eine Äußerung von Rabbi Arie Leib, einem Schüler von Dow Bär. Von ihm wird berichtet, er habe gesagt: „Nicht um Auslegungen der Tora zu erlernen ging ich zum Maggid von Mesritsch, sondern um zu sehen, wie er die Schuhe schnürt und die Schuhe auszieht."[49]

Darüber hinaus gibt es in der jüdischen Mystik sogar einen eigenen Mythos, auf den besonders im Chassidismus gerne verwiesen wurde und wird, um die Wichtigkeit von Achtsamkeit im eigenen Tun und im enthusiastischen Gebet spirituell zu begründen. Bei diesem Mythos handelt es sich um eine Schöpfungslehre, die ursprünglich aus der Kabbala stammt und die dort von dem Mystiker Isaak Luria verkündet wurde. Dieser lebte im 16. Jahrhundert in Nordostafrika.

Gemäß der Schöpfungslehre von Luria hat Gott, als er damit begann, die Welt zu schaffen, zugleich sich selbst auf seine eigene Mitte hin zurückgezogen, um dadurch um sich herum einen Raum zu kreieren für die entstehende Welt. Dieser Selbstrückzug Gottes wurde von Luria als Zimzum bezeichnet. Trotz seines Selbstrückzuges ist Gott durchaus auch in seiner Schöpfung präsent, aber doch weit weniger als in seiner eigenen Mitte. Gott ist Alles und Gott ist Eins. Damit ist Gott auch die Einheit von Allem. Doch in der Welt ist die Präsenz Gottes verborgen. So erscheint die Welt als eine Vielfalt, die in unzählige Bruchstücke zersplittert ist. In jedem dieser Bruchstücke ist ein Funken der göttlichen Präsenz gefangen. Diese göttlichen Funken heißen Nizozot.

Die wichtigste Ursache für das Zersplittertsein der Welt und das Gefangensein der göttlichen Funken in ihr ist gemäß der Schöpfungslehre von Luria das sogenannte ›Zerbrechen der Gefäße‹. Nachdem Gott den Zimzum vollzogen hatte schuf er nämlich für den Raum, der dadurch um ihn herum entstand, auch zahlreiche Gefäße, die das von ihm ausgehende Licht aufnehmen sollten, sodass mit diesem göttlichen Licht die von ihm geschaffene Welt erleuchtet würde. Doch von diesen Gefäßen erwiesen sich nur diejenigen, die ihm am nächsten waren, als stabil genug, um das von ihm ausgehende Licht aufnehmen und halten zu können. Alle anderen Gefäße hingegen, die weiter von Gott entfernt waren, zerbrachen sogleich,

---

[49] Vergleiche hierzu Wehr: Chassidismus (1978), S. 48.

als das von ihm ausgehende Licht in sie einströmte. Dieses Zerbrechen der Gefäße führte dann dazu, dass auch die von Gott geschaffene Welt in unzählige Bruchstücke zersplitterte und dass das göttliche Licht in unzähligen Funken aus den Gefäßen herausflog. Diese Funken sind seitdem in den einzelnen Bruchstücken der Welt gefangen – in all den vielen Gegenständen und Lebewesen und sogar in den einzelnen Gedanken und Gefühlen eines jeden Menschen.

Die heilige Aufgabe des Menschen besteht nun nach Luria nicht nur darin, für sich selbst immer tiefergehender Devekut, das Anhangen an Gott, zu verwirklichen, sondern auch darin, die Welt immer mehr in die von Gott ursprünglich beabsichtigte Existenzweise zu überführen, also in eine solche Existenzweise, in der alle göttlichen Funken befreit und alle Bruchstücke miteinander verbunden sind. Diese Instandsetzung der Welt wird als Tikkun bezeichnet. Durch sie soll nach und nach die Einheit Gottes auch in der Welt immer mehr offenbar werden.

Um die Instandsetzung der Welt durchführen zu können, entwickelte Luria für sich und seine Schüler ein ganzes System von Meditationsmethoden, die jeweils spezifische Visualisierungen beinhalteten. Die Mystiker des Chassidismus hingegen sahen vor allem im enthusiastischen Gebet und im achtsamen Tun geeignete Wege zur Instandsetzung der Welt.

Mit seinem achtsamen Tun, dem ›Gottesdienst in Körperlichkeit‹, befreit der Chassid die göttlichen Funken aus den Bruchstücken der Welt – aus den Mineralien und den Gegenständen, aus den Pflanzen und den Tieren, aus seinen Mitmenschen und auch aus seinen eigenen Gedanken und Gefühlen. So trägt er zugleich dazu bei, die Bruchstücke der Welt miteinander zu verbinden und die Einheit Gottes in der Welt offenbar werden zu lassen.

Während im Chassidismus somit Achtsamkeit vor allem durch ein entsprechendes achtsames Tun geübt und verwirklicht wird, gab es bereits bei Luria durchaus ebenfalls Methoden des Trainings von Achtsamkeit. Diese waren jedoch eher indirekter Art. Sie bestanden vor allem darin, dass seine Schüler bei ihren religiösen Verrichtungen, aber auch unabhängig davon in ihrem Alltag, immer wieder darauf achten sollten, gewisse nervöse Angewohnheiten zu vermeiden oder zumindest jeweils sofort wieder zu stoppen. Dabei ging es dann etwa um solche Angewohnheiten, wie ein nervöses Bewegen der eigenen Finger oder ein nervöses Zupfen an den eigenen Barthaaren. Indem die Schüler dazu angeleitet wurden, solche Angewohnheiten möglichst zu unterlassen, wurden sie indirekt zugleich dazu gebracht, auch darüber hinaus ganz allgemein mehr Achtsamkeit zu verwirklichen.

Achtsamkeit in der islamischen Mystik

Die islamische Mystik wird auch als Sufismus bezeichnet. Der Weg der Sufis ist die innere Reise zu Gott, welcher nach Auffassung der islamischen Mystik die eigentliche Heimat eines jeden Menschen darstellt. Zu den ersten islamischen Mystikern gehören Hassan Basri und Rabia von Basra, die beide im 8. Jahrhundert im Orient lebten. Einige Jahrhunderte später wurden die großen Orden der Sufis gegründet, so beispielsweise im 13. Jahrhundert die Mevlevi-Bruderschaft in der Nachfolge des berühmten Sufi-Meisters Jalaluddin Rumi und im 14. Jahrhundert der Naqshbandi-Orden in der Nachfolge des bedeutenden Sufi-Meisters Bahauddin Naqshbandi.

Der Sufi-Meister Ghijduwani hat für die Schüler von Sufi-Orden acht Prinzipien formuliert, die vor allem in der Naqshbandi-Bruderschaft große Beachtung fanden und auch heutzutage noch finden. Diese Prinzipien lauten wie folgt:

1) „Sei gegenwärtig mit jedem Atemzug."
2) „Achte auf jeden deiner Schritte."
3) „Erinnere dich, dass du auf der Reise in deine Heimat bist."
4) „Einsamkeit in der Menge."

5) „Erinnere dich im Herzen an deinen Freund – Allah."[50]
6) „Diszipliniere dein Denken."
7) „Weise alle ablenkenden Gedanken von dir."
8) „Sei dir ununterbrochen der Qualität der göttlichen Gegenwart bewusst."[51]

Einige dieser Prinzipien, wie insbesondere die ersten beiden, beinhalten ganz offensichtlich eine Aufforderung zur Verwirklichung von Achtsamkeit. Doch die anderen Prinzipien helfen dem Schüler eines Sufi-Ordens ebenfalls dabei, nach und nach in einen solchen Zustand der Aufmerksamkeit zu gelangen, der ihm dann sogar im Alltagsleben immer wieder neu eine innere Verbindung mit der göttlichen Gegenwart ermöglicht.

Unabhängig von den gerade angeführten Prinzipien gibt es in der islamischen Mystik aber auch eine klassische Methode der Achtsamkeitsmeditation. Sie heißt Muraqaba und es handelt sich dabei um eine Kontemplation der Beobachtung. „Die Muraqaba ist eine traditionelle Sufi-Kontemplation."[52] Spezifisch für diese Methode ist die Ausrichtung des Meditierenden auf Gott und auf die Vorstellung, dass er selbst von Gott wahrgenommen wird. Wie bereits der Koran verkündet, wacht Allah über alle Dinge – und damit auch über jeden Menschen und dessen Inneres.

Die Muraqaba-Kontemplation dauert eine halbe Stunde oder auch eine ganze. Sie wird im Schweigen und im Sitzen durchgeführt. Jede unnötige Bewegung sollte vermieden werden. Der Meditierende richtet sich auf Gott aus, welcher über alle Dinge wacht, und bemüht sich darum, während der Dauer der Meditation seinerseits ebenfalls über alle Dinge, speziell in seinen Inneren, zu wachen. Er tut dies, indem er mit konzentrierter Aufmerksamkeit alles in seinem Inneren nichtwertend beobachtet – jeden Atemzug sowie auch sämtliche Gedanken und sämtliche Gefühle, die in dieser Zeit in ihm auftreten.

---

[50] Prinzipien 1 bis 5 zitiert aus Al Habib: Sufismus (2005), S. 219.
[51] Prinzipien 6 bis 8 zitiert aus Al Habib: Sufismus (2005), S. 220.
[52] d' Albert: Sufi (2008), S. 82.

Die zentrale Meditationsmethode der islamischen Mystik ist jedoch das Dhikr, das ›Sich-Besinnen‹. Die Grundbedeutung des Wortes ›Dhikr‹ lautet ›Erinnerung‹. Es lassen sich hier sowohl zwei Stadien wie auch zwei Vorgehensweisen unterscheiden: „Das erste Stadium ist die Besinnung auf sich selbst, dann auf die Harmonie mit einem größeren Bewusstsein."[53] Die übliche Vorgehensweise besteht darin, dass während des Dhikr ständig eine bestimmte heilige Formel wiederholt wird, etwa der Satz ›La illaha illa Allah‹, der soviel bedeutet wie: ›Es gibt keine Gottheit außer Gott‹. Bei der anderen Vorgehensweise hingegen wird das Dhikr als reine und zugleich höchst anspruchsvolle Achtsamkeitsmethode praktiziert. So besteht es hier aus direkter Selbst-Erinnerung.

Bekannt geworden ist das Dhikr der direkten Selbst-Erinnerung vor allem durch das Buch *Auf der Suche nach dem Wunderbaren* des Schriftstellers und Philosophen Peter D. Ouspensky. Dieser beschreibt darin seine spirituelle Schulung, die er in der zweiten Hälfte der 1910er Jahre gemeinsam mit anderen Männern und Frauen bei dem Mystiker Georg I. Gurdjieff in Russland absolviert hat. Gurdjieff selbst hatte ungefähr ein Jahrzehnt zuvor eine eigene zweijährige spirituelle Schulung in einer Sufi-Gemeinschaft in Zentralasien durchlaufen.

Die Basis für die Sufi-Methode der Selbst-Erinnerung, welche von Gurdjieff vermittelt wurde, ist Selbst-Beobachtung. So lehrte Gurdjieff seine Schüler erst einmal, sich selbst zu beobachten – ihr eigenes Denken, Fühlen und Empfinden sowie ihr eigenes Wahrnehmen. Die geeignete Methode hierfür ist nach Gurdjieff zunächst „das *Registrieren*, einfaches Verzeichnen im Verstand des Betreffenden von dem, was im Augenblick beobachtet wird"[54].

Alsbald führte Gurdjieff in die Selbst-Beobachtung dann als zweites Element die Selbst-Erinnerung ein. Hierbei geht es darum, dass der Betreffende sich nicht nur selbst beobachtet, sondern dass

[53] Shah: Sufis (1976), S. 306.
[54] Gurdjieff, zitiert nach Ouspensky: Suche (1978), S. 152.

er sich dabei immer wieder auch an sich selbst als denjenigen erinnert, der sich beobachtet. So forderte Gurdjieff seine Schüler auf: „Versuchen Sie, *sich Ihrer selbst zu erinnern*, während Sie sich beobachten."[55]

Ouspensky hat beide Arten des Gewahrseins, die Selbst-Beobachtung und die Selbst-Erinnerung, mithilfe von zwei verschiedenartigen Pfeilen veranschaulicht: „Ich stellte es mir in der folgenden Weise vor: Wenn ich etwas beobachte, wird meine Aufmerksamkeit auf den beobachteten Gegenstand gerichtet – eine Linie mit einer Pfeilspitze."[56] Der beobachte Gegenstand konnte sich dabei, so Ouspensky, innerhalb oder auch außerhalb von ihm befinden. Selbst-Beobachtung lässt sich demgemäß auf diese Art veranschaulichen: Ich $\longrightarrow$ der beobachtete Gegenstand in mir.

Die Herausforderung bei der Selbst-Erinnerung besteht nun nach Ouspensky darin, Aufmerksamkeit für sich selbst aufzubringen, ohne die auf den beobachteten Gegenstand gerichtete Aufmerksamkeit zu vernachlässigen: „Wenn ich gleichzeitig versuche, mich meiner selbst zu erinnern, wird meine Aufmerksamkeit sowohl auf den beobachteten Gegenstand als auch auf mich selbst gerichtet. Eine zweite Pfeilspitze erscheint auf der Linie."[57] Selbst-Erinnerung lässt sich damit auf folgende Art veranschaulichen: Ich $\longleftrightarrow$ der beobachtete Gegenstand.

Genauso wie die Selbst-Beobachtung findet auch die Selbst-Erinnerung im eigenen Verstand statt. Sie besteht aus einem Gewahrwerden und Registrieren des Gegenstandes, den ich gerade jetzt beobachte, also etwa eines Gefühls in mir oder auch eines Gegenstandes außerhalb von mir – und zugleich aus dem Gewahrwerden und Registrieren meiner selbst als demjenigen, der genau jetzt gerade dieses Gefühl in sich oder jenen Gegenstand außerhalb von sich beobachtet.

---

[55] Gurdjieff, zitiert nach Ouspensky: Suche (1978), S. 170.

[56] Ouspensky: Suche (1978), S. 172.

[57] Ouspensky: Suche (1978), S. 172.

Das eigentliche Ziel der Selbst-Erinnerung besteht jedoch darin, ein Gewahrsein jenseits des Verstandes zu erreichen, nämlich ein transzendentes Bewusstsein seiner selbst. Dieses Bewusstsein seiner selbst ist ein höherer Bewusstseinszustand, den der Mensch für gewöhnlich wenn überhaupt, dann nur äußerst selten erlebt, in jeweils kurzen beglückenden Augenblicken.

Insgesamt unterscheidet Gurdjieff vier Ebenen des Bewusstseins. Die erste und niedrigste ist der nächtliche Schlaf. Die zweite Ebene ist das normale Alltagsbewusstsein des Menschen, welches üblicherweise auch als klares Bewusstsein bezeichnet und verstanden wird. Für Gurdjieff jedoch ist dieses Bewusstsein nicht mehr als ein wacher Schlaf: „Was man ›klares Bewusstsein‹ nennt, ist Schlaf, und ein viel gefährlicherer Schlaf als der Schlaf nachts im Bett."[58] Das Bewusstsein seiner selbst ist der dritte Bewusstseinszustand. Ein Mensch, der in dieses Bewusstsein gelangt, erwacht damit aus dem wachen Schlaf des normalen Alltagsbewusstseins. Dieses Erwachen ist aber noch nicht die höchste Erleuchtung. Jene führt in einen vierten Bewusstseinszustand, der von Gurdjieff als objektives Bewusstsein bezeichnet wird. In diesem Bewusstsein erfährt der jeweilige Mensch die gesamte Wirklichkeit objektiv – und er erfährt damit zugleich unmittelbar die Einheit von allem Sein.

Typisch für den normalen Bewusstseinszustand des ›wachen Schlafes‹ ist, dass er stets mit Identifizierung einhergeht. „Der Mensch befindet sich dauernd in einem Zustand der Identifizierung, nur verändert sich ihr Gegenstand."[59] So sind wir ständig mit irgendetwas identifiziert, mit unserem Ich und unseren Überzeugungen, mit unseren Gefühlen, Bedürfnissen und Zielen – oder wenn wir uns absichtlich aus solchen Identifizierungen lösen, dann sind wir stattdessen sogleich mit genau jenen Gedanken identifiziert, mit denen wir dies tun. Erst der dritte Bewusstseinszustand, das

[58] Gurdjieff, zitiert nach Ouspensky: Suche (1978), S. 207.
[59] Gurdjieff, zitiert nach Ouspensky: Suche (1978), S. 218.

Bewusstsein seiner selbst, ist ein Bewusstsein jenseits von Identifizierung.

Die Methode der Selbst-Erinnerung ist eine wichtige Methode auf dem Weg, ein Bewusstsein seiner selbst zu erlangen. Eine andere wichtige Methode besteht hier darin, manche der eigenen Gewohnheiten versuchsweise zu verändern. Es können dafür irgendwelche der eigenen Gewohnheiten angegangen werden, aber es ist dabei ein behutsames Vorgehen angebracht.

Nach Gurdjieff ist der normale Mensch, spätestens sobald er das Erwachsenalter erreicht hat, in seinen eigenen Gewohnheiten einerseits regelrecht gefangen, während er andererseits gerade aus ihnen auch seine innere Stabilität bezieht. „Jeder erwachsene Mensch besteht vollständig aus Gewohnheiten."[60] Es handelt sich dabei um die für ihn charakteristischen immer wiederkehrenden Muster seiner Verhaltensweisen und Bewegungsabläufe sowie seines Denkens und Fühlens, die zusammengenommen seinen Charakter ausmachen.

Einfach gewohnheitsmäßig zu funktionieren ist typisch für den ›wachen Schlaf‹ des normalen Menschen. Gegen manche der eigenen Gewohnheiten vorsichtig anzukämpfen ist eine zwar eher indirekte, aber doch recht wirkungsvolle Vorgehensweise, um gerade auch im eigenen Alltag mehr Achtsamkeit erreichen zu können und um zugleich auf dem Weg zu einem wahren Bewusstsein seiner selbst weiter voranzukommen.

---

[60] Gurdjieff, zitiert nach Ouspensky: Suche (1978), S. 161.

Anhang

Literaturverzeichnis

Al Habib, Andre Ahmed: Sufismus. Maurer, Freiburg 2005.

Assagioli, Roberto: Die Schulung des Willens. Junfermann, Paderborn 1982.

Assagioli, Roberto: Handbuch der Psychosynthesis. Aurum, Freiburg 1978.

Assagioli, Roberto: Psychosynthese und transpersonale Entwicklung. Junfermann, Paderborn 1992.

Bäumer, Bettina: Vijnana Bhairava – Das göttliche Bewusstsein. Aus dem Sanskrit übersetzt, kommentiert und herausgegeben von Bettina Bäumer. Verlag der Weltreligionen, Frankfurt 2013 (3. Auflage).

Berne, Eric: Spiele der Erwachsenen. Rowohlt Taschenbuch, Reinbek 1970.

Berne, Eric: Was sagen Sie, nachdem Sie guten Tag gesagt haben? Kindler, München 1975.

Besserman, Perle: Der versteckte Garten. Fischer Taschenbuch, Frankfurt 1996.

Bohus, Martin; Steil, Regina & Stiglmayr, Christian: Dialektisch-Behaviorale Therapie (DBT). In: Heidenreich, Thomas & Michalak, Johannes (Hrsg.): Die ›dritte Welle‹ der Verhaltenstherapie. Beltz, Weinheim 2013, S. 102–120.

Brooks, Charles V.W.: Erleben durch die Sinne. Junfermann, Paderborn 1979.

Caussade, Jean-Pierre de: Ewigkeit im Augenblick. Herder, Freiburg 1955 (4. Auflage).

Ceming, Katharina: Mystik im interkulturellen Vergleich. Bautz, Nordhausen 2005.

Cleary, Thomas: Das Geheimnis der Goldenen Blüte. Aurinia, Hamburg 2013.

Csikszentmihalyi, Mihaly: Das flow-Erlebnis. Klett-Cotta, Stuttgart 2000 (8. Auflage).

Csikszentmihalyi, Mihaly: Flow – Das Geheimnis des Glücks. Klett-Cotta, Stuttgart 1998 (6. Auflage).

d' Albert, Yan: Sufi. Weg des Herzens und der Heilung. Lüchow, Stuttgart 2008.

Dürckheim, Karlfried G.: Der Alltag als Übung. Huber, Bern 1980 (6. Auflage).

Dürckheim, Karlfried G.: Durchbruch zum Wesen. Huber, Bern 1984 (8. Auflage).

Dürckheim, Karlfried G.: Erlebnis und Wandlung. Scherz / Barth, Bern 1982 (2. Auflage).

Dürckheim, Karlfried G.: Initiatische Therapie als Form Transpersonaler Psychotherapie. In: Integrative Therapie. 1984, Heft 3, S. 218–223.

Dürckheim, Karlfried G.: Meditieren – wozu und wie. Herder, Freiburg 1976.

Dürckheim, Karlfried G.: Überweltliches Leben in der Welt. Barth, Weilheim 1972 (2. Auflage).

Dürckheim, Karlfried G.: Vom doppelten Ursprung des Menschen. Herder, Freiburg 1978 (4. Auflage).

Dürckheim, Karlfried G.: Vom Leib der man ist in pragmatischer und initiatischer Sicht. In: Petzold, Hilarion (Hrsg.): Psychotherapie & Körperdynamik. Junfermann, Paderborn 1977 (2. Auflage), S. 11–27.

Dürckheim, Karlfried G.: Von der Erfahrung der Transzendenz. Herder, Freiburg 1984.

Dürckheim, Karlfried G.: Zen und wir. Scherz / Barth, Bern 1984 (Neuausgabe).

Emerson, Ralph W.: Von der Schönheit des Guten. Diogenes, Zürich 1992.

Feldenkrais, Moshe: Bewegungserziehung zur Verbindung von Körper und Geist. In: Petzold, Hilarion (Hrsg.): Psychotherapie & Körperdynamik. Junfermann, Paderborn 1977 (2. Auflage), S. 176–194.

Feldenkrais, Moshe: Bewusstheit durch Bewegung. Suhrkamp Taschenbuch, Frankfurt 1978 (2. Auflage).

Ferrucci, Piero: Werde was du bist. Selbstverwirklichung durch Psychosynthese. Sphinx, Basel 1984.

Feuerstein, Georg: Die Yoga Tradition. Yoga Verlag, Wiggensbach 2008.

Fromm, Erich: Anatomie der menschlichen Destruktivität. Deutsche Verlags-Anstalt, Stuttgart 1974.

Fromm, Erich: Den Patienten in seiner Ganzheit verstehen. In: Funk, Rainer (Hrsg.): Erich Fromm als Therapeut. Psychosozial-Verlag, Gießen 2009, S. 15–55.

Fromm, Erich: Die Furcht vor der Freiheit. Deutscher Taschenbuch Verlag, München 1990.

Fromm, Erich: Die Kunst des Liebens. Ullstein, Frankfurt 1975.

Fromm, Erich: Haben oder Sein. Deutsche Verlags-Anstalt, Stuttgart 1976.

Fromm, Erich: Psychoanalyse und Zen-Buddhismus. In: Fromm, Erich; Suzuki, Daisetz Teitaro & Martino, Richard de: Zen-Buddhismus und Psychoanalyse. Suhrkamp Taschenbuch, Frankfurt 1972, S. 101–179.

Fromm, Erich: Vom Haben zum Sein. Beltz, Weinheim 1989.

Fromm, Erich: Von der Kunst des Zuhörens. Quadriga, Weinheim 1994.

Gendlin, Eugene T.: Focusing. Müller, Salzburg 1981.

Goble, Frank: Die Dritte Kraft. Walter, Olten 1979.

Goenka, Satya N.: Die Zusammenfassungen der Diskurse. Vipassana Vereinigung Deutschland, Seligenstadt 1991.

Goldstein, Joseph: Vipassana-Meditation. Schickler, Berlin 1978.

Goldstein, Joseph & Kornfield, Jack: Einsicht durch Meditation. Scherz / Barth, Bern 1989.

Goleman, Daniel: Buddhas Lehre von der Meditation und den Bewusstseinszuständen. In: Tart, Charles T. (Hrsg.): Transpersonale Psychologie. Walter, Olten 1978, S. 292–329.

Grof, Stanislav: Geburt, Tod und Transzendenz. München, Kösel 1985.

Hanh, Thich N.: Das Wunder der Achtsamkeit. Theseus, Zürich 1997 (7. Auflage).

Harrer, Michael E. & Weiss, Halko: Wirkfaktoren der Achtsamkeit. Schattauer, Stuttgart 2016.

Hart, William: Die Kunst des Lebens. Fischer Taschenbuch, Frankfurt 1996.

Hayes, Steven C.: Akzeptanz- und Commitmenttherapie und die Neuen Verhaltenstherapien – Achtsamkeit, Akzeptanz und deren Zusammenhang. In: Hayes, Steven C.; Follette, Victoria M. & Linehan, Marsha M.: Achtsamkeit und Akzeptanz. Das Erweitern der kognitiv-behavioralen Tradition. dgvt-Verlag, Tübingen 2012, S. 13–49.

Hayes, Steven C.; Follette, Victoria M. & Linehan, Marsha M.: Achtsamkeit und Akzeptanz. Das Erweitern der kognitiv-behavioralen Tradition. dgvt-Verlag, Tübingen 2012.

Hayes, Steven C. & Jason, Lillis: Akzeptanz- und Commitmenttherapie. Reinhardt, München 2013.

Heidenreich, Thomas & Michalak, Johannes (Hrsg.): Die ›dritte Welle‹ der Verhaltenstherapie. Beltz, Weinheim 2013.

Horney, Karen: Neurose und menschliches Wachstum. Kindler, München 1975.

James, Muriel & Jongeward, Dorothy: Spontan leben. Rowohlt, Reinbek 1974.

James, Muriel & Savary, Louis M.: Befreites Leben. Transaktionsanalyse und religiöse Erfahrung. Kaiser Verlag, München, 1977.

Kabat-Zinn, Jon: Das Abenteuer Achtsamkeit. Arbor, Freiburg 2013.

Kabat-Zinn, Jon: Gesund durch Meditation. Fischer Taschenbuch, Frankfurt 2006.

Kapleau, Philip: Die drei Pfeiler des Zen. Scherz / Barth, Bern 1975 (3.Auflage).

Kleine Philokalie. Gesammelt und übersetzt von Matthias Dietz. Patmos, Düsseldorf, 2006.

Klinkenberg, Norbert: Feldenkrais-Pädagogik und Körperverhaltenstherapie. Pfeiffer bei Klett-Cotta, Stuttgart 2000.

Kobayashi, Petra: Der Weg des Tai Chi Chuan. Hugendubel, München 1987 (2. Auflage).

Kriz, Jürgen: Grundkonzepte der Psychotherapie. Psychologie Verlags Union, Weinheim 2014 (7. Auflage).

Kurtz, Ron: Körperzentrierte Psychotherapie. Die Hakomi-Methode. Synthesis, Essen 1985.

Kushner, Lawrence: Jüdische Mystik. Ansata, Berlin 2003.

Lexikon der östlichen Weisheitslehren. Albatros, Düsseldorf 2005.

Luoma, Jason B.; Hayes, Steven C. & Walser, Robyn D.: ACT-Training, Junfermann, Paderborn 2009.

Mahasatipatthana Sutta. Vipassana Vereinigung Deutschland, Triebel 2005.

Martin, Bruno (Hrsg.): Der Sufi-Weg heute. Martin, Südergellersen 1983.

Martin, Bruno: Handbuch der spirituellen Wege. Sphinx, Basel 1993.

Maslow, Abraham H.: Lernerfahrungen aus den Gipfelerlebnissen. In: Ruschmann, Eckart (Hrsg.): Die Begründung der Transpersonalen Psychologie. GTP Verlag, Freiburg 1983, S. 131–145.

Maslow, Abraham H.: Motivation und Persönlichkeit. Walter, Olten 1977.

Maslow, Abraham H.: Psychologie des Seins. Kindler, München 1973.

Meibert, Petra: Achtsamkeitsbasierte Therapie und Stressreduktion MBCT / MBSR. Reinhardt, München 2016.

Meibert, Petra; Michalak, Johannes & Heidenreich, Thomas: Stressbewältigung durch Achtsamkeit: MBSR. In: Heidenreich, Thomas & Michalak, Johannes (Hrsg.): Die ›dritte Welle‹ der Verhaltenstherapie. Beltz, Weinheim 2013, S. 165–179.

Meister Eckehart: Deutsche Predigten und Traktate. Diogenes, Zürich 1979.

Michalak, Johannes & Heidenreich, Thomas: Achtsamkeitsbasierte Kognitive Therapie (MBCT). In: Heidenreich, Thomas & Michalak,

Johannes (Hrsg.): Die >dritte Welle< der Verhaltenstherapie. Beltz, Weinheim 2013, S. 121–138.

Moore, James: Georg Iwanowitsch Gurdjieff. Scherz, Bern 1992.

Nyanaponika: Geistestraining durch Achtsamkeit. Christiani, Konstanz 1975 (2. Auflage).

Ouspensky, Peter D.: Auf der Suche nach dem Wunderbaren. Scherz / Barth, Bern 1978 (2.Auflage).

Patanjali: Die Wurzeln des Yoga. Die Yoga-Sutren des Patanjali mit einem Kommentar von P.Y. Deshpande. Scherz / Barth, Bern 1982 (4. Auflage).

Pauwels, Louis & Bergier, Jacques: Aufbruch ins dritte Jahrtausend. Heyne, München 1976.

Pavel, Falk-Giselher: Die klientenzentrierte Psychotherapie. Pfeiffer, München 1978.

Perls, Frederick S.: Gestalt-Therapie in Aktion. Klett, Stuttgart, 1976.

Perls, Fritz: Grundlagen der Gestalt-Therapie. Pfeiffer, München 1976.

Peters, Angelika & Sieben, Irene: Das große Feldenkrais-Buch. Irisiana / Hugendubel, Kreuzlingen / München 2008.

Rahm, Dorothea: Gestaltberatung. Junfermann, Paderborn 1979.

Reschika, Richard: Praxis christlicher Mystik. Herder, Freiburg 2007.

Resnick, Stella: Gestalt-Therapie. In: Psychologie Heute 1975, Heft 2, S. 67–73.

Robins, Clive J.; Schmidt III, Henry & Linehan, Marsha M.: Die Dialektisch-Behaviorale Therapie. In: Hayes, Steven C.; Follette, Victoria M. & Linehan, Marsha M.: Achtsamkeit und Akzeptanz. Das Erweitern der kognitiv-behavioralen Tradition. dgvt-Verlag, Tübingen 2012, S. 51–69.

Rogers, Carl R.: Die klientenzentrierte Gesprächspsychotherapie. Kindler, München 1972.

Rogers, Carl R.: Eine Theorie der Psychotherapie, der Persönlichkeit und der zwischenmenschlichen Beziehungen. Gesellschaft für wissenschaftliche Gesprächspsychotherapie, Köln 1987.

Rogers, Carl R.: Entwicklung der Persönlichkeit. Klett, Stuttgart 1976.

Rogers, Carl R.: Therapeut und Klient. Kindler, München 1977.

Schlegel, Leonhard: Die Transaktionale Analyse. Francke, Tübingen 1995 (4. Auflage).

Schmitz, Stefan: Das Mystik-Mosaik. Bausteine für ein spirituelles Weltbild und für eine ganzheitliche Meditationspraxis. tao.de, Bielefeld 2015.

Schmitz, Stefan: Der mystische Kern des Menschen. SavitaBooks, Wuppertal 2012.

Schmitz, Stefan: Der Vierte Weg von Gurdjieff. tao.de, Bielefeld 2013.

Schmitz, Stefan: Spirituelle Initiation und immanente Transzendenz. Die Lehre von Karlfried Graf Dürckheim. tao.de, Bielefeld 2015.

Schmitz, Stefan: Transpersonale Psychologie. Eine integrative Einführung. Tectum, Marburg 2010.

Schmitz, Stefan: Von der Geburt bis zur Erleuchtung. Das spirituelle Entwicklungsmodell Ken Wilbers. Tectum, Marburg 2009.

Schwäbisch, Lutz & Siems, Martin: Selbstentfaltung durch Meditation – Eine praktische Anleitung. Rowohlt, Reinbek 1976.

Segal, Zindel V.; Teasdale, John D. & Williams, J. Mark G.: Die Achtsamkeitsbasierte Kognitive Therapie – Die theoretischen Grundlagen und der empirische Forschungsstand. In: Hayes, Steven C.; Follette, Victoria M. & Linehan, Marsha M.: Achtsamkeit und Akzeptanz. Das Erweitern der kognitiv-behavioralen Tradition. dgvt-Verlag, Tübingen 2012, S. 71–97.

Segal, Zindel V.; Williams, J. Mark G. & Teasdale, John D.: Die Achtsamkeitsbasierte Kognitive Therapie der Depression. dgvt-Verlag, Tübingen 2015 (2. Auflage)

Selver, Charlotte & Brooks, Charles: Sensory Awareness. In: Petzold, Hilarion (Hrsg.): Psychotherapie & Körperdynamik. Junfermann, Paderborn 1977 (2. Auflage), S. 59–78.

Shah, Idries: Die Sufis. Diederichs, Düsseldorf 1976.

Sonntag, Rainer F.: Akzeptanz- und Commitmenttherapie (ACT). In: Heidenreich, Thomas & Michalak, Johannes (Hrsg.): Die ›dritte Welle‹ der Verhaltenstherapie. Beltz, Weinheim 2013, S. 20–40.

Staemmler, Frank-M. & Bock, Werner: Neuentwurf der Gestalttherapie. Pfeiffer, München 1987.

Stewart, Ian & Joines, Vann: Die Transaktionsanalyse. Herder, Freiburg 1990.

Stumm, Gerhard & Pritz, Alfred (Hrsg.): Wörterbuch der Psychotherapie. Springer, Wien 2000.

Talabardon, Susanne: Chassidismus. Mohr Siebeck, Tübingen 2016.

Tausch, Reinhard & Tausch, Anne-Marie: Gesprächspsychotherapie. Hogrefe, Göttingen 1979 (7. Auflage).

Trökes, Anna: Die kleine Yoga-Philosophie. Barth, München 2013.

Vivekananda, Swami: Raja-Yoga. Mit den Yoga-Aphorismen des Patanjali. Bauer, Freiburg 1983 (7. Auflage).

Wehr, Gerhard: Der Chassidismus. Aurum, Freiburg 1978.

Wehr, Gerhard: Kabbala. Diederichs / Hugendubel, Kreuzlingen / München 2002.

Weiss, Halko & Benz, Dyrian: Auf den Körper hören. Hakomi-Psychotherapie. Kösel, München 1987.

Weiss, Halko; Harrer, Michael E. & Dietz, Thomas: Das Achtsamkeits-Buch. Klett-Cotta, Stuttgart 2010.

Wilber, Ken: Das Wahre, Schöne, Gute. Fischer Taschenbuch, Frankfurt 2002.

Wilber, Ken: Eine kurze Geschichte des Kosmos. Fischer Taschenbuch Verlag, Frankfurt, 2002 (6. Auflage).

Wilber, Ken: Eros, Kosmos, Logos. Fischer Taschenbuch, Frankfurt 2001.

Wilber, Ken: Integrale Meditation. Barth, München, 2017.

Wiltschko, Johannes & Köhne, Friedhelm: Vom dumpfen Gefühl zur klaren Empfindung. In: Psychologie Heute 1984, Heft 3, S. 22–27.

Wolke des Nichtwissens und Brief persönlicher Führung. Kreuz, Freiburg 2011.

Wolz-Gottwald, Eckard: Die Mystik in den Weltreligionen. Via Nova, Petersberg 2011.

Wolz-Gottwald, Eckard: Yoga-Philosophie-Atlas. Via Nova, Petersberg 2002.

Stefan Schmitz

Von der Geburt bis zur Erleuchtung
Das spirituelle Entwicklungsmodell Ken Wilbers
Tectum Verlag

Transpersonale Psychologie
Eine integrative Einführung
Tectum Verlag

Der mystische Kern des Menschen
Eine Spurensuche zwischen Religion und Psychologie
SavitaBooks

Der Vierte Weg von Gurdjieff
Ein spiritueller Schulungsweg
tao.de

Das Mystik-Mosaik
Bausteine für ein spirituelles Weltbild und
für eine ganzheitliche Meditationspraxis
tao.de

Spirituelle Initiation und
immanente Transzendenz
Die Lehre von Karlfried Graf Dürckheim
tao.de